JARDINER AVEC LE BIOCHAR

Directeur de collection
Bernard Bertrand

Publié originellement par Storey Publishing, LLC en 2019, aux États-Unis,
sous le titre : *Gardening with Biochar*

ISBN : 978-2-35981-144-5
Dépôt légal : janvier 2021

Éditions de Terran – 355, rue de la Montagne-Noire – 31750 Escalquens
Tél. : 05 61 00 09 86 (accueil) – 05 81 91 31 31 (commandes)
Courriel : terran@piktos.fr
Site Internet : www.terran.fr

Jeff Cox
Préface de Konrad Schreiber

JARDINER AVEC LE BIOCHAR

Du charbon bioactivé pour votre sol !

terran

Sommaire

Préface 7

PRÉAMBULE : Dynamiser son sol 11

INTRODUCTION : Les fabuleuses origines du biochar 13

L'agriculture avant l'ère de la culture sur brûlis 14
La découverte du biochar 16
L'arrivée des Européens 16
Une nouvelle ère pour les cultures 17

CHAPITRE I : Qu'est-ce que le biochar ? 21

Le biochar, c'est quoi au juste ? 23
Les bienfaits du biochar 25
Le biochar et l'autoroute à électrons 35

CHAPITRE II : Faire son biochar 39

Veiller à sa sécurité 40
Choisir sa matière première 41
Faire du biochar dans un trou à feu 47
Faire du biochar dans un poêle TLUD 53
Faire son biochar dans une boîte métallique 65
Produire du biochar sur une année 66
Après la torréfaction : remuer, ensacher et écraser 67
Acheter son biochar 68

CHAPITRE III : Inoculer son biochar 73

Pourquoi l'inoculer ? 74
Les manières d'inoculer le biochar 75
Un coup de pouce minéral 83

CHAPITRE IV : Le biochar au jardin 85
Connaître le pH de son sol 87
Améliorer le drainage 90
Utiliser le biochar inoculé pour une fertilisation ciblée des plantes 91
Appliquer le biochar sur un jardin en carrés 92
Apporter du biochar dans le temps 92
Semer une culture couvre-sol 96

ÉPILOGUE : Les promesses du biochar 98

Glossaire 100

Bibliographie en langue anglaise 101

Ressources 104

Index 105

Notes 108

Préface

Le XXIe siècle, déjà entamé depuis 20 ans, fait face à une crise énergétique et sociale sans précédent. Pensez donc : sur notre Terre, il faudra nourrir au moins 9 milliards d'habitants tout en doublant la production d'énergie, et tout cela sans polluer. Car la concentration de l'atmosphère en GES pose de gros problèmes. Le défi est colossal pour la société qui n'entend rien à la « fin du monde si la faim du mois n'est pas assurée ».
Il existe pourtant de nombreux moyens de produire sans polluer. Si, en agriculture, les techniques de conservation des sols font merveille, en jardinage, nous voyons émerger le maraîchage sur sols vivants (MSV). Fini la binette, le motoculteur et la bêche, voici venir l'heure du génie du végétal couplé à celui des hommes.

En effet, le végétal a du génie ! C'est le seul « outil » à disposition des hommes capable de capter le CO_2 excédentaire de l'atmosphère et de le transformer en biomasse éternellement renouvelable par le truchement de la photosynthèse. Les plantes climatisent la terre. Elles établissent un fonctionnement en cycle où trois grandes fonctions s'équilibrent pour nous instruire, nous enseigner comment produire beaucoup sans polluer.

- La première fonction des plantes est la captation du CO_2 de l'atmosphère, captation qui représente 60 milliards de tonnes de carbone tous les ans. Il suffirait que les hommes en gardent annuellement 10 % de ce total durablement stocké dans les sols pour contrebalancer 50 % des émissions de GES de l'industrie. La société pourrait alors s'adapter à ses défis : changer de type d'énergie, consommer mieux, copier le fonctionnement de la nature plutôt que la détruire.
- La deuxième fonction qu'assurent les plantes est l'utilisation de la biomasse. Il faut bien que les « mangeurs » de plantes restituent l'ensemble du CO_2 capté dans l'air. C'est un fait méconnu, mais il n'y a pas assez de carbone dans l'air pour assurer durablement la photosynthèse. L'atmosphère contient 750 milliards de tonnes de carbone et les plantes en prélèvent 8 % (60 milliards de tonnes) par an. Au bout de 12 ans, si le carbone capté ne retournait pas dans l'atmosphère sous forme de CO_2, il n'y aurait plus de gaz à effet de serre. La vie sur la Terre ne serait tout simplement pas possible. Il n'est pas envisageable de mettre au point une mécanique aussi complexe que la photosynthèse des plantes en 12 ans. Les mangeurs de plantes vont faire exactement l'inverse de ces dernières. Ils vont consommer la biomasse

organique et, en respirant l'oxygène, vont restituer le CO_2. Ainsi, c'est dans cette deuxième fonction, ce deuxième compartiment du cycle de durabilité, qu'opèrent les hommes. Grands pollueurs devant l'Éternel, ne devraient-ils pas réfléchir à garder une partie de la biomasse en stock pour en faire de l'énergie renouvelable et en restituer les sous-produits aux sols ? Produire du biochar ne prendrait-il pas tout son sens en l'inscrivant dans le cycle de durabilité de la matière végétale ?

- La troisième fonction du cycle des plantes est celle du recyclage que réalisent les sols. Ici, il faut parler de « sols vivants », car c'est la très forte activité biologique qu'ils hébergent qui réalise la biotransformation de tous les déchets en éléments minéraux élémentaires, ceux du tableau de Mendeleïev. Toutes les plantes produisent des déchets biodégradables lorsque leurs feuilles et leurs branches mortes tombent sur le sol, ou encore par le biais de leurs racines qui se renouvellent constamment. Les mangeurs de plantes, eux, produisent beaucoup d'excréments et de cadavres. C'est l'activité biologique du sol qui décompose l'ensemble des résidus qu'il reçoit. La fonction du recyclage est vitale. Recycler ses déchets tombe sous le sens. Ne pas les recycler, c'est s'exposer à une très grosse difficulté de ressources et de pollution. Or, rien de tel dans la nature. Parce qu'elle recycle tout, elle ne manque jamais de rien. Et le sol stocke une partie des résidus sous forme d'humus. Il suffirait d'y ajouter un peu de biochar, et l'intelligence humaine pourrait à nouveau rivaliser avec les grandes innovations agronomiques des Amérindiens, les inventeurs du biochar.

Ainsi, la nature évolue sur un cycle de durabilité – produire, consommer, recycler –, cycle incluant trois grandes fonctions qui intéressent la société tout entière. Il est temps que le génie du végétal rencontre celui des hommes. Ils peuvent intervenir ensemble sur de nouveaux projets de développement.

Produire du charbon végétal, le biochar, est une affaire de techniques agricoles. Les pratiques sont nées il y a au moins 7 000 ans. Les Indiens d'Amazonie en sont les champions hors classe. Dans la forêt vierge, ils nous ont laissé des terres agricoles fertiles, d'une stabilité structurale fabuleuse et possédant, de plus, l'étonnante propriété de retenir les éléments minéraux qui ne lessivent pas malgré les fortes pluies équatoriales. Ces terres s'appellent des *terra preta*, des « terres noires », en portugais. Très productives, elles représentent une forme de Graal, un objectif à atteindre pour un agronome digne de ce nom. Les propriétés physiques du biochar interviennent ici dans l'exploit agricole des indigènes. Le matériau est microporeux ! Il retient aussi bien l'eau que l'air et les éléments minéraux. Fini le lessivage et la perte des éléments nutritifs. Même l'azote se retrouvera piégé dans le biochar. Le secret de la création de la *terra preta* réside dans une alchimie entre charbon végétal fabriqué sur place à partir du bois local, renouvelable, et un apport complémentaire de carbone dégradable. À ce stade, tous les scientifiques se perdent en conjectures mais il est possible de comprendre pourquoi des poteries se retrouvent dans les *terra preta*. L'hypothèse sur laquelle nous travaillons dans l'agriculture des sols vivants est relativement simple : « Quand les sols mangent du carbone, ils produisent de l'azote. » Aussi curieux que cela paraisse, dans les projets de maraîchage sur sols vivants, les légumes poussent tout seuls avec seulement des apports de paille et de branches. Plus l'activité biologique des sols digère des matières ligneuses fraîches – c'est-à-dire des matériaux riches en carbone –, plus la production augmente. Cela vient de l'azote qui est capté dans l'air *via* les processus de digestion du carbone. Les Amérindiens le savaient déjà ! Et pour avoir une source de carbone digestible, il est probable qu'ils aient ajouté du pétrole brut à leur *terra preta*. Dans leur culture, le pétrole qui suinte partout dans la forêt s'appelle le « sang de la terre ». Ce « sang » est sacré. Il a été utilisé pour faire l'une des constructions agricoles les plus performantes du monde, même encore aujourd'hui : produire une terre fertile très productive pour que vive une société.

Aujourd'hui, tout peut recommencer. Il est possible d'utiliser les arbres pour produire de l'énergie renouvelable et du biochar. Il s'agit de faire attention aux arbres, de permettre leur renouvellement et de les utiliser avec intelligence. Il s'agit de construire des *terra preta*, des sols fertiles, des sols productifs où le génie du végétal rencontre à nouveau celui des hommes.

Le livre de Jeff Cox nous retrace la saga du biochar, explique sa structure poreuse et les connaissances scientifiques acquises, la méthode de production simple à basse température et son utilisation dans les jardins. Bonne lecture.

Konrad Schreiber

C'est avec son expérience de président de CUMA acquise entre 1987 et 2006 que Konrad Schreiber participe au développement de tout l'écosystème paysan qui travaille à la mise au point des techniques de conservation des sols en France. Il collabore à de nombreux projets agricoles qui développent des sols vivants et fertiles. Il s'agit de produire ET de protéger. Entre 2001 et 2010, il a animé les réseaux BASE (Bretagne, Agriculture, Sol et Environnement et l'APAD (Association pour la promotion d'une agriculture durable). L'Institut de l'agriculture durable (IAD) est né en 2007, puis les projets « Maraîchage sur sol vivant » en 2009, « La vache heureuse » en 2013, la chaîne Youtube « Ver de Terre Production » en 2015, « Pour une agriculture du vivant » en 2017, et enfin « La Belle Vigne » en 2020. Le mot d'ordre est simple : Pour l'avenir, sauvons la planète avec les plantes ; l'agriculture est le seul outil climatique rentable disponible pour la société. Il s'agit de sortir des impasses et idéologies écologistes pour réellement faire de l'écologie…

Le biochar permet une meilleure absorption des nutriments et stimule la croissance des végétaux.

Préambule
Dynamiser son sol

Au fil des années, j'en ai vu des progrès remarquables dans les cultures et le jardinage – des variétés de maïs doux très sucrées à la grelinette – mais rien, dans son potentiel à révolutionner le jardinage et à bénéficier à l'environnement, comme le biochar ! Le biochar – du bois (ou toute autre matière organique) torréfié, mais non brûlé, jusqu'au stade de charbon de bois – stimule la vie du sol, qui est la clé de voûte des cultures saines. Non par sa richesse intrinsèque en nutriments mais par sa manière de dynamiser votre sol, en optimisant les processus biologiques et mécaniques qui font les grands jardins. Comme le sait tout jardinier averti, un bon jardin se juge à la valeur de son sol. Mieux encore, le biochar empêche le carbone de gagner l'atmosphère, et de participer au changement climatique. Par sa nature de charbon, c'est essentiellement du carbone stable – il se décompose très lentement. Ainsi, le carbone est séquestré dans le sol sur une période bien plus longue que si l'on avait laissé la matière organique qui le compose s'y dégrader. Même si les Occidentaux n'ont découvert le biochar que depuis une vingtaine d'années, d'autres peuples l'ont produit et utilisé pendant des millénaires pour transformer des sols pauvres en exploitations prospères qui ont nourri des civilisations entières. Même si notre recherche à son sujet en est encore à ses débuts, nous en savons déjà assez sur ses bienfaits pour que des personnes partout dans le monde puissent se lancer dans sa production et l'employer dans leur sol afin de l'améliorer.

Les adeptes du jardinage biologique apprécieront que l'usage du biochar n'implique ni produits chimiques, ni pesticides, ni fertilisants issus de la pétrochimie. Au contraire, il est déjà employé en divers endroits de la planète pour restaurer les sols et épurer l'eau. Il retient à sa surface les contaminants du sol, hors de portée des plantes. Je vous invite donc à faire connaissance avec cette extraordinaire matière et ce qu'elle peut vous apporter. Il s'agit d'un moyen simple et très efficace de disposer d'une terre en pleine santé et de lui faire atteindre son plein potentiel de culture. Quitte à me répéter, en 50 ans de pratique du jardinage biologique, j'ai vu la découverte du biochar et de ses atouts s'imposer à moi comme le développement le plus enthousiasmant et le plus important jamais vu. Mon souhait est qu'après avoir lu ce livre et testé le biochar dans votre jardin, vous soyez du même avis.

Introduction Les fabuleuses origines du biochar

Galopant le long des branches d'un ficus, à 45 mètres du sol de la forêt amazonienne, un singe hurleur cueille une feuille pour la manger. Mais elle lui échappe des mains et tombe en tourbillonnant. À peine a-t-elle atteint le sol qu'elle est assaillie par une armée de micro-organismes, de champignons, de fourmis et autres créatures rampantes qui vont rapidement la ronger jusqu'aux nervures et s'alimenter des nutriments qu'elle contient.

Ces créatures du sol ne vivent que peu de temps et, à leur mort, leurs composés solubles se libèrent dans la terre. La pluie les entraîne jusqu'aux racines du ficus, qui vont les absorber, puis les refaire circuler vers le haut pour générer de nouvelles pousses, qui nourriront de nouvelles générations de singes hurleurs.

La chaleur et l'humidité de la forêt tropicale permettent à la quasi-totalité des nutriments potentiels d'origine végétale de faire partie intégrante de l'écosystème qui prospère dans la canopée et le sous-bois. Lorsque l'on abat les arbres de la forêt amazonienne, s'ouvre une brève fenêtre de fertilité avant que le sol ne devienne dur comme la pierre (on parle de latérisation). Ainsi, retirer des arbres pour ouvrir des espaces en vue de les cultiver revient à appauvrir les sols. Si bien que les populations qui vivent là pratiquent l'agriculture sur brûlis : elles abattent les arbres, les brûlent pour dégager l'espace et laissent les cendres fertiliser les sols. Et dès que ceux-ci entament leur phase de latérisation, après un cycle ou deux de culture, les paysans passent à une autre parcelle de forêt et répètent le processus.

Pourtant, cela n'a pas toujours été le cas dans les forêts tropicales du bassin amazonien. Loin de là…

L'agriculture avant l'ère de la culture sur brûlis

On estime que l'être humain a atteint l'Amérique du Sud il y a entre 15 000 et 20 000 ans. C'étaient des chasseurs-cueilleurs qui colonisèrent les terres côtières de l'ouest de la Colombie en descendant jusqu'à l'extrême sud du Chili, et vers l'est, des Andes jusqu'aux déserts d'altitude, et plus encore à l'est jusqu'au bassin amazonien. Si pendant environ 10 000 ans l'agriculture s'est développée dans des sociétés sédentaires en Asie, dans le Croissant fertile du Moyen-Orient et puis en Europe, elle s'est aussi développée dans les Amériques, sous d'autres formes, chez les populations indigènes. Tandis que les confédérations tribales et les nations amérindiennes, comme celles formées par les Iroquois et les Cherokees, développaient des formes sophistiquées de gouvernement, que les peuples d'Amérique centrale sélectionnaient le maïs, les populations vivant dans le bassin amazonien et les régions alentour s'attachaient à apprendre comment cultiver les sols pauvres de la forêt vierge. Elles comprirent que le recyclage de la matière organique était un élément clé dans l'amélioration de leurs sols. Leurs tas de déchets contenaient des résidus alimentaires, du fumier humain et animal, des os et

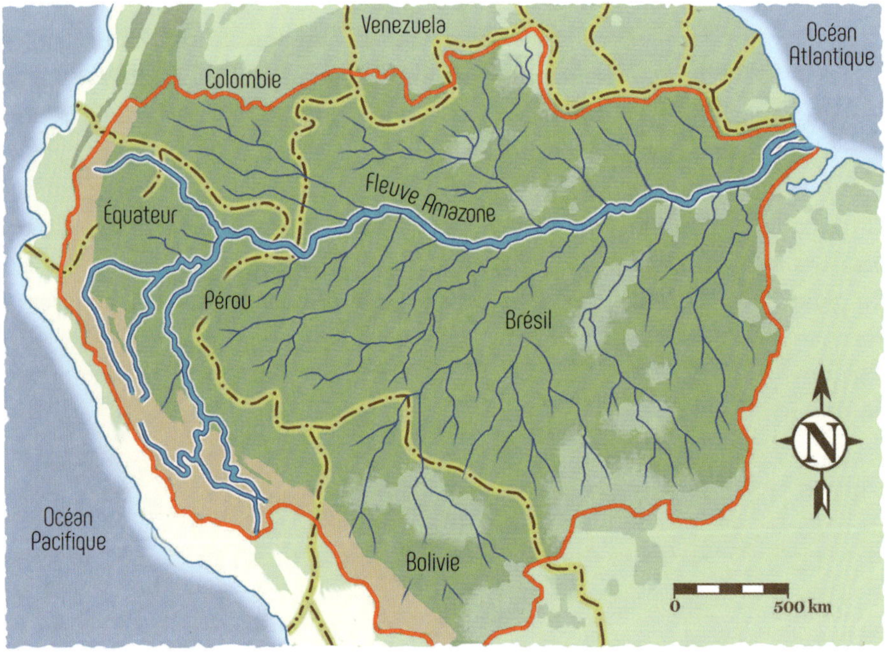

La *terra preta* fut découverte pour la première fois dans le bassin du fleuve Amazone.

de très nombreux morceaux de poterie. Rendre ces déchets organiques à la terre autour de leurs camps participait à améliorer les sols mais, en raison de la vitesse de décomposition de ces matières, l'amendement de ceux-ci était une opération qui demandait beaucoup de travail et d'apports pour espérer augmenter le rendement des cultures. Si bien qu'elles produisaient juste assez de nourriture pour maintenir leur niveau de population.

La phase de l'expansion put seulement s'amorcer lorsque les peuples amazoniens commencèrent à ajouter un ingrédient de plus à leurs tas de déchets : une forme de charbon spéciale, pyrolysée, que nous nommons aujourd'hui « biochar ».

Organisation des sols amazoniens à l'état naturel

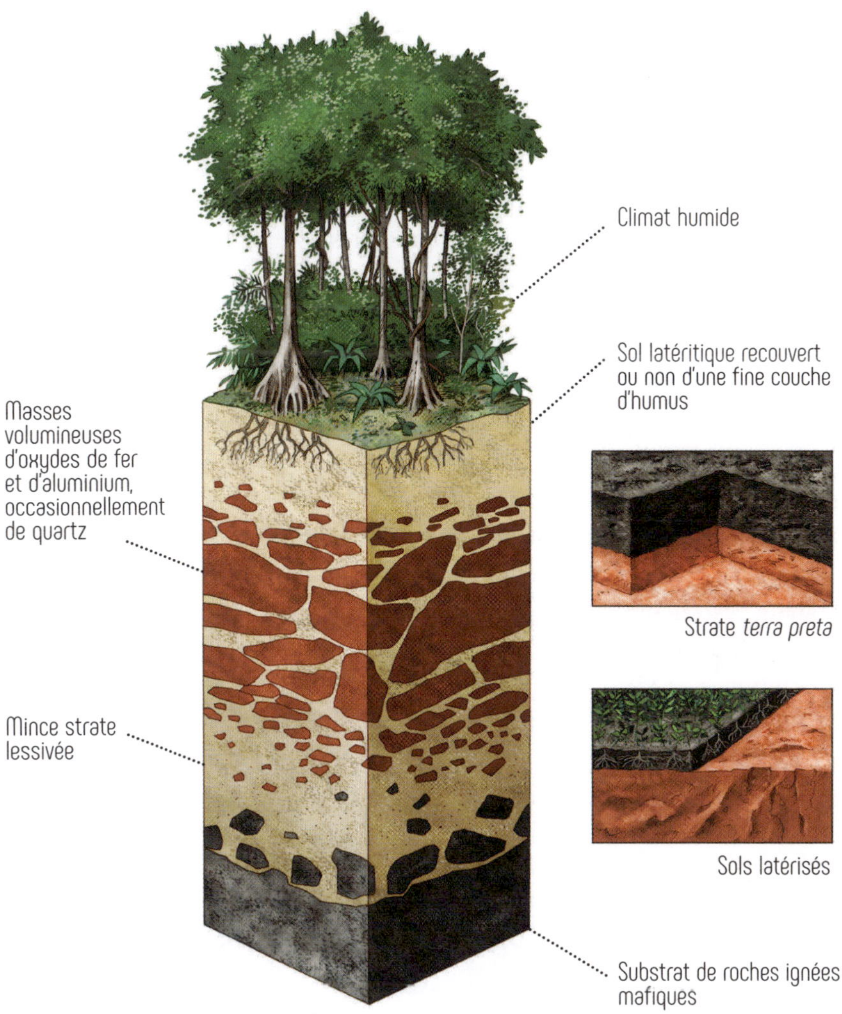

La découverte du biochar

Lorsque les paysans du bassin amazonien ajoutèrent le biochar à leurs matières en décomposition, quelque chose d'extraordinaire se produisit. Les champs et les jardins prirent vie. Au fil du temps, les sols pauvres devinrent plus sombres, perméables et extrêmement fertiles. On les nomma *terra preta*, ce qui signifie « terre noire » en portugais.

Certains archéologues estiment, sous toutes réserves, qu'entre 450 avant notre ère et 950, les indigènes du bassin amazonien et des régions environnantes améliorèrent si bien leurs sols que cette « terre noire » couvrit une surface de la taille de la France. D'autres prétendent avoir la preuve que les étendues amazoniennes n'étaient pas seulement couvertes de forêts vierges mais que des parties en furent gérées par des humains pendant des millénaires avant notre ère et ce jusqu'en 1250.

Avec la découverte du charbon pyrolysé comme amendement, l'alimentation des peuples indigènes n'était plus limitée à ce qu'ils pouvaient cueillir dans la forêt. Cela a eu des répercussions profondes sur leur démographie. Lorsque les peuples apprennent à améliorer la fertilité de leurs sols, leurs populations s'accroissent, du fait d'une meilleure alimentation.

L'arrivée des Européens

Avec l'arrivée des Espagnols sur le continent sud-américain, le monde des peuples amazoniens changea fondamentalement. Francisco de Orellana – qui participa au renversement de l'Empire inca avec son compatriote Francisco Pizarro – entendit parler d'une légendaire cité d'or nommée El Dorado à l'est de Quito, en Équateur, où il s'était installé. En bon conquistador, il pensa que ce serait une excellente chose que de trouver cet El Dorado pour en piller l'or et les trésors. Si bien qu'en 1541, accompagné d'une troupe d'Espagnols, il partit en expédition à travers les Andes et voyagea vers l'est, en suivant les cours d'eau, lui et ses hommes devenant ainsi les premiers Européens à découvrir le fleuve Amazone. Il consigna par écrit ses découvertes et rapporta l'existence de régions densément peuplées, sur des centaines de kilomètres de part et d'autre du fleuve et jusqu'à son embouchure dans l'océan Atlantique. Il déclara avoir trouvé des villes de 100 000 habitants ou plus encore, de larges routes, des ponts et des champs défrichés. Avec nos connaissances d'aujourd'hui, nous voyons dans ces observations la preuve que les cultures indigènes, avec le biochar, étaient fabuleusement prospères.

Pendant longtemps, les historiens ont cru qu'Orellana avait exagéré les choses, mais les études des 35 dernières années sur l'étendue des sols de *terra preta* ont confirmé les écrits de l'Espagnol. En outre, de nombreux géoglyphes – des formes tracées par l'homme dans les paysages, des cercles, des ovales, des carrés et des rectangles – ont été récemment découverts dans la région. Bien que les populations indigènes d'aujourd'hui soient revenues à un mode de vie de chasseurs-cueilleurs et poursuivent des méthodes de culture sur brûlis plutôt que l'agriculture de défrichage et de biochar de leurs ancêtres, nombre d'entre elles perpétuent une noblesse héréditaire. Étant donné que de telles formes de gouvernement sont pour ainsi dire inconnues dans les sociétés nomades, quel que soit l'endroit du monde, cela pourrait suggérer que les peuples indigènes de cette région furent autrefois des agriculteurs sédentaires, avec de grandes villes et de hauts dirigeants.

Avec les arrivées croissantes d'Espagnols, la majorité des indigènes périrent de maladies européennes, comme la variole, contre laquelle ils n'étaient pas immunisés. De 5 millions dans les années 1450, la population indigène chuta sous le million d'individus à la fin du XVIIIe siècle pour stagner autour des 200 000 individus d'aujourd'hui. Les anciennes formes de gouvernement et d'agriculture sédentaire furent délaissées par ceux qui avaient survécu aux conquistadors et qui, fuyant les exploiteurs et les épidémies, partirent se réfugier dans les confins de la forêt vierge. De nos jours, il ne persiste que quelques poches de populations indigènes – et elles n'ont que peu, voire plus du tout, de contact avec le monde extérieur.

Une nouvelle ère pour les cultures

L'immense étendue des sols de *terra preta* établis par la main de l'homme montre indubitablement à quel point les civilisations précolombiennes étaient florissantes. Et le plus extraordinaire dans tout cela est que ces sols existent encore, sans avoir subi de latérisation ni avoir perdu de leur fertilité. Ils sont aussi fertiles aujourd'hui qu'ils l'étaient lors de leur élaboration il y a plusieurs siècles, devant leur persistance à la séquestration du carbone. Une nouvelle ère pour les cultures s'ouvre ici – et peut-être que le véritable aspect de la légendaire cité d'El Dorado était noir et grumeleux.

Il est vraisemblable que la technique consistant à réaliser une pyrolyse de la matière organique et à l'incorporer dans des champs cultivés ne se soit pas cantonnée au bassin amazonien et ait pu apparaître ailleurs dans le monde. Des archéologues et des anthropologues ont ainsi étudié 177 sites en Afrique – des villages et des terres cultivées dans le nord-ouest du Liberia et du Ghana – et ont découvert des sols enrichis connus sous le nom de « terres noires africaines », avec des teneurs en carbone organique supérieures de 200 à 300 % à celles des sols proches et pouvant supporter des modes de culture plus intensifs. Ces sites présentent aussi des taux de carbone pyrogénique de 2 à 26 fois supérieurs – autrement dit, de biochar. Et il existe d'autres rapports dans le monde sur des sols riches, où l'on a apporté du carbone, notamment dans les Grandes Plaines d'Amérique du Nord.

Cette couche de *terra preta* de 60 cm d'épaisseur a été observée en 2007 sur une plantation de papaye dans la Costa do Laranjal, dans un camp établi sur les berges du Rio Solimões, près de Manaus, au Brésil.

Notes de terrain
Un vignoble californien mise sur le biochar

Fondé en 1983 par Randall Grahm, le domaine viticole Bonny Doon de Santa Cruz, en Californie, est connu pour ses étiquettes insolites qui mêlent éclectiquement raisin et appellations humoristiques – tel son produit-phare, au nom français, Le Cigare volant. Le domaine Bonny Doon fut l'un des premiers à adopter des cépages du Rhône, et est l'un des seuls aux États-Unis à être conduits en biodynamie.
Grahm s'intéressa d'abord au biochar dans le cadre d'une stratégie qui lui aurait permis de cultiver sans irrigation dans une région à faible pluviométrie comme celle de San Juan Bautista. Il commença à l'incorporer dans les sols de son vignoble en 2015 sur une parcelle expérimentale où il planta 10 000 nouvelles variétés hybrides dans l'objectif d'établir un nouveau terroir et de nouvelles saveurs – quelque chose qui n'avait jamais été tenté auparavant pour le vin.

Grahm n'étant pas du genre à faire les choses à moitié, il partit tout de suite sur l'achat de 8 conteneurs de biochar.
« C'était un projet terriblement ambitieux », comme le dit Grahm, « mais cela valait la peine de le tenter ».
Grahm inocula son biochar en le mélangeant à parts égales avec du compost et en y ajoutant un peu de poudre de granite pour sa richesse en minéraux. Puis il répandit son mélange à raison de 8 tonnes pour 4 000 m^2 sur son site de San Juan Bautista, qui présente une grande variété de types de sol : principalement limono-sableux, avec un peu d'argile, un peu de calcaire et de granite. Il l'étala et l'incorpora superficiellement avec un tracteur. Puis il sema un couvert végétal (trèfle, luzerne ou vesce) pour apporter de la matière organique et de l'azote à son sol.
En plus de ses raisins, le domaine de Bonny Doon produit des légumes, des arbres fruitiers et des olives.
« Lorsque nous avons lancé nos expériences avec le biochar, nous avons utilisé des légumes pour en évaluer les résultats, se souvient Grahm. L'une des plus grosses différences que nous ayons remarquées était la saveur de nos tomates. Elle était d'une longueur en bouche extraordinaire. Nous n'en sommes encore qu'au début avec notre vignoble. Nous sommes très soucieux de notre usage de l'eau, et jusqu'ici, les plantes prospèrent avec une irrigation minimale, produisant une huile et des fruits de grande qualité et vraiment délicieux. »

Randall Grahm expérimente actuellement le biochar sur le domaine viticole de Bonny Doon.

Chapitre I

Qu'est-ce que le biochar ?

Nous savions depuis des années que les plantes communiquent entre elles par leurs racines et les champignons du sol qui colonisent ces dernières. Mais les scientifiques découvrent tout juste que ces connexions représentent uniquement la partie émergée de l'iceberg. Lorsque nous restons assis à savourer la douce sérénité de la nature dans nos jardins et dans les forêts locales, au-dessus de nos têtes, autour de nous et sous nos pieds, le monde naturel s'active en tous sens, quasiment sans relâche. Une sorte de Manhattan organique. Que ce soient nos jardins ou nos paysages, ils ont en commun les étourdissants et bourdonnants systèmes de communication propres à leur biologie, notamment les réseaux de mycélium qui transmettent les messages entre plantes.

Les écosystèmes naturels animés par ces systèmes de communication sont la base des sols sains, car ils amplifient leur biodiversité. Plus les formes de vie sont nombreuses, plus les ressources alimentaires sont exploitées, et plus le tissu vivant est robuste. La structure cellulaire carbonisée du biochar, constituée de compartiments et de poches, fait office d'immeuble logeant toute une variété de micro-organismes. Ils y trouvent un abri les protégeant de leurs prédateurs, ainsi que des espaces pour y déverser les produits de leur métabolisme, des substances qui isolent les minéraux et participent à la qualité de la structure du sol.

Le biochar augmente l'agrégation des particules du sol, donnant des terres meubles et grumeleuses.

Le biochar, c'est quoi au juste ?

Le biochar est de la matière organique pyrolysée – en d'autres termes, qui a été torréfiée à des températures supérieures à 350 °C, avec très peu d'oxygène en présence. À peu près n'importe quelle matière organique – toute plante ou tout animal qui a un jour été vivant – peut servir de matière première, mais on préférera en général un matériau d'origine végétale, en particulier le bois. Le mot « biochar » désignant cet amendement du sol a été forgé par l'écologiste Peter Read en 2005, car il est tiré de la biomasse – un autre terme qui peut désigner la matière organique utilisée pour le fabriquer.

Au cours du processus de pyrolyse, la combustion est réduite en limitant le flux d'air vers la matière organique une fois qu'elle est réellement entrée en combustion. Ce phénomène peut par exemple être obtenu en chargeant la matière première dans un trou ouvert, de forme conique, et en mettant le feu sur le dessus. Au fur et à mesure que ce feu brûle en surface, il aspire et soustrait de l'air au matériau qui se trouve dans le fond. On peut également obtenir une pyrolyse en faisant brûler la matière première dans un four quasi étanche de type poêle à bois ou poêle TLUD (*Top Lit Up-Draft*, littéralement « à tirage par allumage sur le dessus », voir p. 54) – ou en plaçant la matière première dans un conteneur étanche à l'air et le tout dans le poêle. Le feu demande une certaine quantité d'air mais le processus en lui-même, la torréfaction, peut se faire en anaérobie complète. Certains producteurs de biochar remplacent l'air de leurs poêles par un gaz inerte, généralement l'azote, pour empêcher toute combustion.

Une structure carbonisée stable

Chauffer la matière première en présence de très peu d'air va plutôt la torréfier que la brûler, préservant la structure du matériau jusqu'à l'échelle microscopique. Si vous l'examinez au microscope, vous constaterez qu'un fragment de biochar issu du bois est poreux et constitué de cellules vides. Ces compartiments représentent les restes des vaisseaux du xylème et du phloème qui étaient formés dans le bois et les feuilles de la matière première. (Si vous avez des restes de vos cours de sciences naturelles, peut-être vous souvenez-vous que dans les vaisseaux du xylème circulent l'eau et les nutriments, prélevés par les racines de la plante, jusqu'aux feuilles, où a lieu la photosynthèse, tandis que les vaisseaux du phloème acheminent les molécules et les nutriments vers les organes en croissance de la plante tels que les pousses, les fleurs et les fruits.) Ces structures conductrices en forme de tube sont remplies de liquide tant que la plante est en vie, et se retrouvent vides après la pyrolyse.

Elles présenteront alors nombre de propriétés utiles dans le sol.
En outre, le biochar apporte une source de carbone stable dans le sol, ce qui améliore la capacité des plantes à y prélever des nutriments. Le carbone du biochar est une molécule en forme d'anneau qui montre une persistance hors du commun. Il est en effet très difficile de provoquer une dégradation de ces molécules et de les faire réagir avec d'autres substances. Seuls les micro-organismes sont en mesure de le faire, et ce n'est que lentement. Une fraction du carbone contenu dans la matière première est libérée sous forme de fumées au cours de la pyrolyse, et environ 3 à 5 % en sont perdus les premières années après l'incorporation du biochar dans le sol, mais tout le reste demeure en place pour longtemps. C'est comme cela que les sols de *terra preta* de l'Amazonie sont encore noirs du carbone que l'on y a apporté il y a des milliers d'années, lors de leur constitution.

Vaisseau de phloème

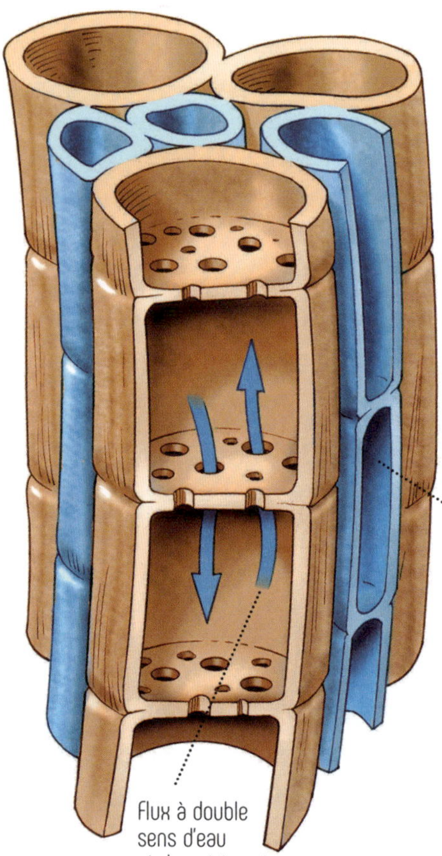

Vue en coupe d'une tige et d'une racine

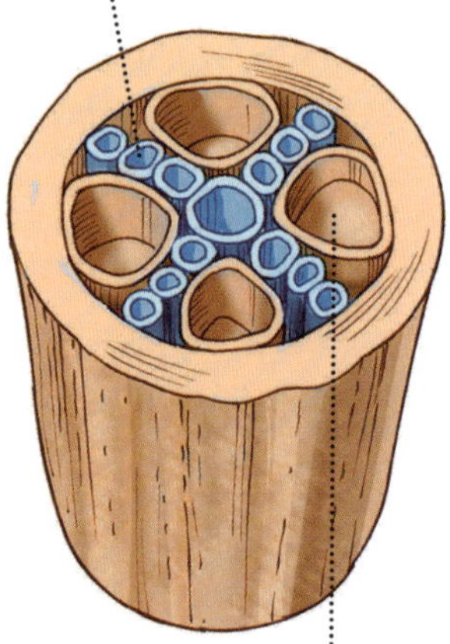

Lors de la production du biochar, le xylème et le phloème du matériau végétal sont carbonisés et conservent leur structure. Ces canaux qui auparavant servaient au transport adoptent un nouveau rôle : retenir l'eau et fournir un habitat pour les micro-organismes.

Un support vierge

À la sortie du four à pyrolyse, le biochar peut se révéler hydrophobe – c'est-à-dire qu'il repousse l'eau. Pour que son action soit bénéfique dans le sol, il lui faudra être transformé en charbon hydrophile – autrement dit, qui ne repousse plus l'eau. Pour cela, il faut l'immerger dans de l'eau, de même qu'il faudra l'inoculer avec des micro-organismes. Cette dernière opération peut se résumer à lui mélanger du thé de compost ou des déjections de vers de terre, qui vont en plus l'imprégner de nutriments. Typiquement, le biochar frais affiche un pH élevé et il peut être, dans de nombreux cas, utilisé un peu à la manière de la chaux agricole (nous reviendrons plus loin sur la question du pH du sol).

Biochar et vinaigre de bois

Pour produire du biochar sans libérer aucun gaz à effet de serre, le four ou le poêle doit être en mesure de capturer et stocker les gaz. Dans la production commerciale de biochar, les gaz libérés au cours de la pyrolyse sont retenus, condensés et brûlés pour alimenter la montée en température nécessaire, tandis qu'une fraction d'entre eux sont condensés en ce que l'on appelle le vinaigre de bois (un important coproduit du biochar, très prisé dans l'horticulture et l'agriculture japonaises). On lui prête un certain nombre d'utilisations et de vertus, dont la réduction des besoins en fertilisants et pesticides, la stimulation de la croissance racinaire et de la germination des graines, une meilleure absorption des nutriments par les racines, l'amélioration du goût et du taux de sucre des fruits, une plus grande résistance aux maladies, le contrôle des attaques fongiques et l'accélération du compostage. Mais au-delà de l'Asie et des antipodes où il passe pour une panacée, le vinaigre de bois n'est que rarement utilisé, pour peu que l'on arrive à en trouver.

Les bienfaits du biochar

De l'extérieur, il n'est pas forcément évident de voir en quoi le biochar pourrait être bénéfique au sol. Ce n'est ni un nutriment, ni une source de nourriture pour les micro-organismes ou les plantes. Les créatures du sol comme les vers de terre l'ingèrent avec le sol qui lui est mêlé, leurs entrailles broyant ses particules en particules plus fines, mais sans que le biochar en lui-même ne les nourrisse. Le biochar ne se dissout pas dans l'eau. Il ne se dégrade pas aussi rapidement que la matière organique non carbonisée. D'ailleurs, lorsque les archéologues veulent dater leurs fouilles, ils utilisent le charbon (c'est la datation au radiocarbone) en raison de cette stabilité dans le sol.

Un complexe résidentiel pour micro-organismes

Alors, si le biochar n'est pas un fertilisant, de quoi s'agit-il ? Vous pouvez avant tout le voir comme un complexe résidentiel pour les micro-organismes du sol. Au sein des vaisseaux vides du phloème et du xylème se trouvent les grandes cavités qui auparavant assuraient la vie des cellules végétales. Tous ces espaces internes sont adsorbants, retenant l'eau, les huiles, les sucres, les protéines et autres substances produites par les micro-organismes qui les occupent désormais. De plus, comme tout écosystème, le sol est quadrillé par des prédateurs, qui sont ici en quête de micro-organismes à dévorer. Les cavités du biochar fournissent alors des abris aux micro-organismes bénéfiques du sol qui font tellement pour la santé des végétaux avec lesquels ils vivent.

Absorber ou adsorber ?

Il est important de bien faire la distinction entre absorber et adsorber. Lorsqu'une substance en absorbe une autre, elle s'en imbibe, à la manière d'une éponge qui absorbe de l'eau, ou de l'eau qui absorbe le dioxyde de carbone pour former l'acide carbonique. Adsorber, en revanche, signifie retenir quelque chose à sa surface. Grâce à sa surface énorme par rapport à son poids, le biochar a la capacité d'adsorber de grandes quantités de gaz, notamment de gaz toxiques. C'est la raison pour laquelle les filtres des masques à gaz sont garnis de charbon. Les molécules gazeuses sont retenues à la surface du charbon par une réaction physique – une tension de surface – ou une réaction chimique qui va former un composé chimique à la surface du biochar.

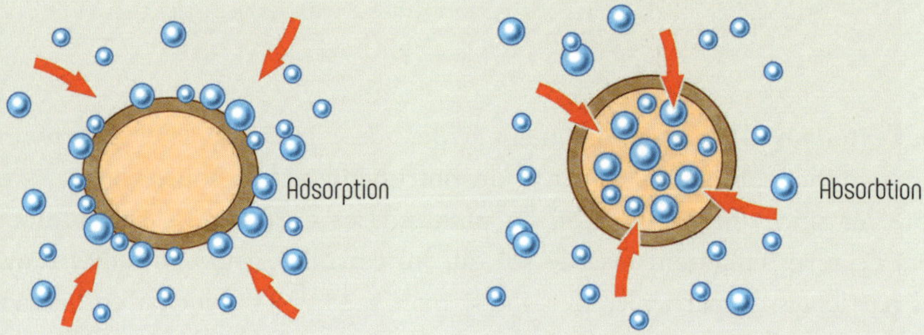

Un réservoir d'eau et de nutriments

En plus de fournir le gîte aux créatures du sol, les tubules du biochar, lorsqu'il est dans un état hydrophile, aspirent eau et nutriments par capillarité. L'eau est alors redistribuée aux plantes en fonction de leurs besoins, ce qui confère aux sols amendés avec du biochar une tolérance à la sécheresse qu'ils n'auraient pas autrement. Les nutriments nourrissent non seulement les racines des plantes mais aussi les micro-organismes qui ont élu domicile dans les complexes résidentiels du biochar. L'effet combiné d'une meilleure capacité à retenir l'eau et d'une richesse en micro-organismes dote les sols avec biochar d'une légèreté et d'une finesse naturelle dont les plantes raffolent. Prenons par exemple un sol pauvre, dépourvu de matière organique : il ne pourra absorber que 13 mm d'eau de pluie avant que celle-ci ne commence à s'écouler. Chargé de biochar, ce sol pourra retenir 203 mm de pluie avant que l'écoulement n'ait lieu.

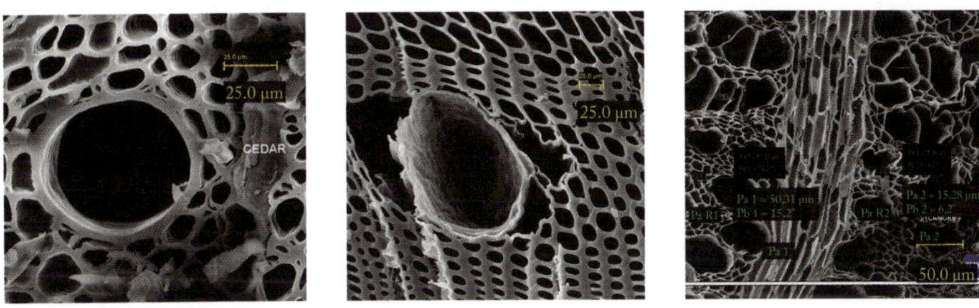

Ces images microscopiques de biochar issu de bois de cèdre, de pin jaune et de sycomore montrent combien la structure cellulaire a été préservée.

Les différents types de charbon

Charbon actif

Cette forme de charbon peut être imprégnée de produits chimiques puis être torréfiée (pyrolysée) à très haute température dans un four étanche rempli d'un gaz inerte – comme le dioxyde de carbone, l'azote ou l'argon – pour être préservée du contact avec l'oxygène. Après un certain temps, l'oxygène est insufflé dans la cuve et les gaz qui ont été capturés dans les pores du charbon vont se consumer à des températures pouvant atteindre 1 200 °C.

Les gaz qui s'échappent en brûlant forment alors des micropores sur toute la surface du charbon, créant une matière à la surface spécifique incroyable : un seul gramme de charbon actif possède une surface spécifique de près de 3 000 m². Cette énorme surface spécifique permet au charbon actif d'absorber ou adsorber des substances chimiques en tout genre, ce qui lui doit d'être utilisé dans les cas d'empoisonnement, pour capter et retenir le poison le temps que l'on puisse procéder à un lavage d'estomac.

Briquettes de charbon

Celles-ci sont faites de fins copeaux de bois qui ont été carbonisés en présence d'air, généralement à des températures de l'ordre de 275 à 650 °C, et brassés dans un grand fourneau. Lorsqu'ils atteignent le niveau de carbonisation désiré, ils sont aspergés d'eau pour étouffer le feu ct la masse humide qui en résulte est pressée en briquettes par des rouleaux en acier. Les briquettes pressées passent alors sur un tapis roulant à travers une installation de séchage qui les chauffe à 135 °C. Elles achèveront leur combustion dans votre barbecue.

Biochar

Le biochar est un matériau organique d'origine végétale ou autre qui a été torréfié au cours d'un processus sans oxygène ou presque appelé pyrolyse, à 350 °C – généralement une température bien plus basse que pour fabriquer du charbon actif – et sans chercher à optimiser son inflammabilité comme on le fait pour les briquettes de charbon. Cette torréfaction à une température relativement basse préserve la structure poreuse de la matière première, essentielle pour que le biochar puisse faire son travail. Le processus supprime également les composés volatils, qui sont habituellement laissés dans le charbon destiné à servir de combustible (une bonne raison de ne pas utiliser des briquettes de charbon à la place du biochar).

Le concombre, comme les autres membres des Cucurbitacées, apprécie les sols amendés en biochar.

Un coup de fouet dans l'absorption végétale des nutriments

De même que la structure interne du biochar augmente la capacité de rétention en eau d'un sol, sa surface agit comme un réservoir de nutriments. C'est là l'un des bénéfices les plus importants qu'il offre aux plantes.

Le biochar est pour l'essentiel du carbone sous une forme stable d'anneau, qui capture photons, électrons et toute une gamme d'ions. C'est parce qu'il absorbe les photons et ne les reflète pas en retour que le carbone nous apparaît noir. Mais parce que le biochar fut à un moment du tissu végétal vivant, sa composition ne se limite pas à du carbone. Il contient par ailleurs des minéraux comme le magnésium, le potassium, le fer et le manganèse – des nutriments végétaux à charge positive, que l'on nomme cations. Parce que ces éléments, et d'autres, contenus dans le biochar sont porteurs d'une charge positive, ils sont attirés par les surfaces chargées négativement de ce même biochar. Cette action n'est pas assez forte pour former des liaisons chimiques, dans lesquelles les atomes partagent des électrons pour former des composés, mais elle permet plus simplement de maintenir les minéraux dans une forme d'agrégation lâche à proximité des sites chargés du biochar. En d'autres termes, les ions positifs sont adsorbés par le biochar et y sont relativement maintenus jusqu'à ce que les racines des plantes en aient besoin. Ce phénomène connu sous le nom de capacité d'échange cationique (CEC) des sols revêt une grande importance dans la manière dont les sols riches, humiques, amendés de biochar, nourrissent les végétaux et leur sont favorables.

En outre, souvent intégrés dans le carbone du biochar, des composés peuvent réagir et créer des anions, des ions à charge négative. L'un des plus importants anions dont les plantes se nourrissent est le phosphate, or le phosphore a la capacité d'adhérer aux surfaces du biochar.

Ce sont à la fois des cations et certains anions qui peuvent être captés dans la solution du sol (l'eau qui s'y trouve naturellement) et retenus à la surface du charbon. Cela a l'avantage de limiter la quantité de nutriments qui se retrouvent lessivés et évacués du sol par les pluies ou par l'irrigation. Mais ils ne sont pas pour autant retenus si fermement qu'ils ne pourraient en être détachés. Au microscope, on pourrait voir les électrons se déplacer autour des surfaces du biochar, bondir d'un atome à un autre, au sein ou en dehors de la solution du sol, suivant les ordres de la nature pour construire des tissus végétaux et créer de la nourriture pour les micro-organismes.

Le biochar ou un stockage des nutriments facilité

C'est ainsi que les particules de biochar agissent comme des sites de stockage pour les cations nécessaires à la croissance des plantes. Certains des nutriments restent dans l'eau et sont immédiatement disponibles pour les plantes, tandis que ceux en excès gravitent autour des surfaces chargées du biochar, où ils sont retenus électrostatiquement jusqu'à ce qu'il y ait une demande. Au fur et à mesure que les poils absorbants des racines prélèvent des cations dans le sol et que le niveau du réservoir de nutriments baisse, la CEC réclame le réapprovisionnement à partir de la zone de stockage du biochar.

En d'autres termes, les sols organiques qui contiennent du biochar possèdent un mécanisme intégré pour maintenir un niveau équilibré de nutriments utiles aux plantes dans la solution du sol. Les cations en excédent sont entreposés sur ces surfaces négativement chargées. S'il en manque, les réserves en rendent quelques-uns. La CEC conserve la solution du sol chargée avec les nutriments dont les plantes ont besoin, avec les niveaux nécessaires, et sous la forme qu'elles apprécient.

pH : attention aux variations

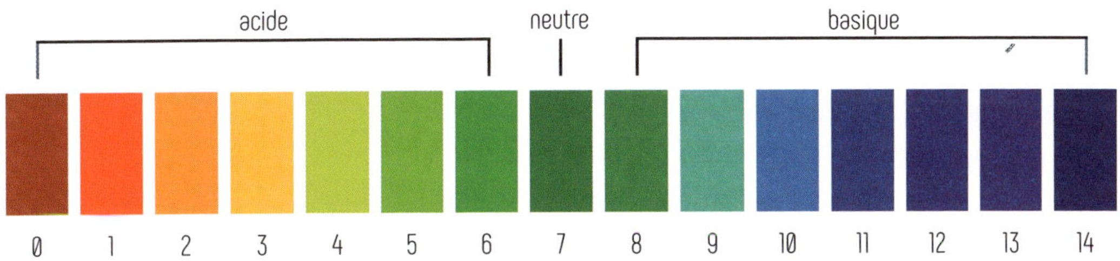

Les modifications de pH affectent la CEC du sol. Ainsi, il est important de savoir que le biochar élève le pH des sols acides, les rendant plus basiques (alcalins) et limitant la disponibilité des nutriments pour les plantes acidophiles. Les jardiniers doivent pour cela veiller à utiliser le biochar en quantités appropriées. Ici, plus n'est pas forcément mieux, en particulier dans les sols riches en matière organique et dont le pH se situe déjà autour de 6,5. Incorporer trop généreusement du biochar est alors susceptible de faire basculer le pH de votre sol dans des valeurs alcalines, ce qui pourrait peser sur la croissance des plantes acidophiles, comme les myrtilliers et les fraisiers.

À partir de quelle quantité en met-on trop ? Pour éviter les pH trop élevés, épandez seulement 500 g de biochar sur 1 m^2 de sol, ou une couche de biochar inoculé d'environ 2,5 cm sur la surface. C'est un bon rapport moyen, à moins que le sol ne soit très acide, fortement compacté et presque dépourvu de vie. Dans un milieu très acide, la capacité du biochar à élever le pH sera bénéfique. Il servira aussi à décompacter le sol. Et s'il a été correctement préparé, il favorisera la relance de l'activité microbienne dans un sol dépourvu de vie. Dans ce type de sol dégradé, utilisez-en 1 kg pour 1 m^2, ou une épaisseur d'environ 5 cm en surface.

Un dynamiseur de sol

La capacité du biochar à augmenter la CEC du sol a été démontrée dans une étude menée par des chercheurs de la School of Environmental and Forest Sciences de l'université de l'État de Washington, qui ont testé son efficacité dans 10 fermes conduites en agriculture biologique sur les îles de San Juan, au nord de Seattle. Là, un biochar produit avec des résidus issus de l'exploitation forestière locale a été ajouté aux sols, en association avec un fumier de litière de volaille. Après quoi, les chercheurs ont planté haricots grains, haricots verts et choux-fleurs dans les 10 fermes, avec pour chacune une parcelle témoin, aux caractéristiques similaires mais simplement fertilisée, sans adjonction de biochar.

Voici les étonnants résultats qui ont pu être observés :

- le biochar a fait passer la quantité de carbone totale dans le sol de 32 à 33 % (par rapport aux parcelles témoins) ;
- il améliore la disponibilité de l'ammonium contenu dans le fertilisant de 45 à 54 % ;
- la part d'azote potentiellement minéralisable est passée de 48 à 110 % (cela correspond à la fraction de l'azote total du sol que les micro-organismes peuvent convertir en formes assimilables par les plantes au cours de la période de croissance) ;
- la disponibilité du phosphore augmente aussi et atteint les 29 %. Ce qui est appréciable, car le phosphore fait généralement partie des nutriments majeurs qui viennent à manquer aux plantes ;
- la rétention des nitrates, de l'ammonium et du phosphore dans la zone racinaire a augmenté respectivement de 33, 53 et 39 %. Ce qui signifie qu'un sol amendé en biochar retient les nutriments dans la zone racinaire, et les empêche ainsi d'être lessivés par la pluie ou de se libérer sous forme de gaz dans l'atmosphère ;
- la disponibilité du phosphore, du fer, du magnésium et du zinc s'est améliorée, ce qui s'est répercuté dans la teneur en nutriments des haricots secs récoltés. Cela montre que les plantes cultivées dans les sols amendés en biochar offrent une alimentation de meilleure qualité à ceux qui en mangent les produits.

Un réducteur de gaz à effet de serre

Un des autres atouts du biochar est qu'il empêchera le carbone de se libérer rapidement du sol sous forme de gaz à effet de serre. Plus la quantité de carbone stockée dans le sol est importante, plus sa quantité dans l'atmosphère décroît et plus on limite le phénomène du réchauffement climatique. C'est ce que l'on appelle la séquestration du carbone. En effet, par ses propriétés, le biochar n'intègre pas le processus de décomposition auquel sont soumises, par exemple, les tiges de maïs. Au fur et à mesure que les tiges de maïs se dégradent, une partie de leur carbone est exploité par les micro-organismes du sol, les vers et les autres habitants de la terre qui assurent la décomposition, afin d'alimenter leurs propres organismes. Ce flux naturel de carbone se conclut par la libération d'une quantité significative de dioxyde de carbone – un gaz à effet de serre qui contribue au changement climatique. Si ces tiges de maïs (ou de toute autre matière organique) sont pyrolysées, cette forme très stable de carbone restera séquestrée dans le sol durant plusieurs siècles et l'émission de dioxyde de carbone pourra alors être spectaculairement

limitée – jusqu'à 90 %. Le biochar réduit aussi la formation et le dégazage des oxydes d'azote, un autre gaz à effet de serre. Les oxydes d'azote sont formés par les micro-organismes du sol lorsqu'ils transforment en gaz l'azote contenu dans les engrais. En ralentissant la respiration du sol, le biochar va absorber l'ammonium et limiter cette formation d'oxyde d'azote.
Bien entendu, toute combustion de biomasse – qu'il s'agisse de bois, de feuilles, de broussailles, etc. – dégage du méthane, un gaz à effet de serre 20 fois plus puissant que le dioxyde de carbone. Mais le fait que le biochar soit obtenu par pyrolyse retarde ces émissions de méthane. Les gazéifieurs à biochar brûlent ces émissions lorsque l'air pénètre dans la chambre de combustion placée au-dessus de la matière première en cours de pyrolyse. Dominic Woolf et ses collègues, dans un article publié dans la revue scientifique *Nature Communications*, estiment qu'une utilisation généralisée du biochar pourrait réduire de 12 % par an les émissions de méthane.

Le biochar peut améliorer la capacité d'un sol à séquestrer le carbone et à réduire les émissions de certains gaz à effet de serre.

Un tampon pour les effets des éléments toxiques

Le biochar est aussi capable de limiter la toxicité des métaux lourds contenus dans les sols et dans certaines plantes qui y poussent. Une étude rapporte que le cuivre, le manganèse, le mercure, le plomb, le cadmium, le chrome et le zinc, aussi bien que l'arsenic, deviennent tous moins biodisponibles dans les haricots verts ayant poussé sur des sols amendés en biochar, en comparaison avec ceux cultivés dans d'autres sols. Nous savions déjà depuis des années que les sols riches en matière organique peuvent réduire l'assimilation des toxines par les cultures maraîchères, et le biochar fournit donc un niveau supérieur de protection pour les jardiniers qui ne soupçonneraient même pas la présence de métaux toxiques dans leurs sols.

Chaque morceau de biochar fait la différence

Plus nous aurons de producteurs de biochar sur cette planète, plus nous serons en mesure de réduire les impacts du réchauffement global. Chaque année, les plantes terrestres absorbent 60,6 milliards de tonnes de carbone par l'intermédiaire de la photosynthèse. À peu près la même quantité retourne dans l'atmosphère à la faveur de la respiration et de la décomposition des végétaux. Autrement dit, toute quantité de carbone qui serait soustraite de ce cycle court de la photosynthèse et serait séquestrée pendant plusieurs siècles participerait à ralentir le réchauffement global et le changement climatique. Sur ces 60,6 milliards de tonnes de carbone absorbées par la photosynthèse, environ 10 % sont exploitables par l'activité humaine, que ce soit sous forme de déchets – qui se décomposent et exacerbent le réchauffement climatique – ou sous forme de biochar ou autre produit.

Les résidus agricoles issus de la culture du maïs, de l'orge et du blé, les résidus forestiers englobant les branches, les feuillages et les déchets du bois lors de sa transformation en scierie, de même que les déchets animaux, sont susceptibles de donner du biochar.

Si les 6 milliards de tonnes de carbone (les 10 % évoqués précédemment) étaient passées à la pyrolyse, on pourrait en tirer 3 milliards de tonnes de biochar. Et cela contrebalancerait la plus grosse partie des 4,1 milliards de tonnes de dioxyde de carbone libérées chaque année dans l'atmosphère par les activités humaines.

C'est un objectif ambitieux, certes, mais chacun d'entre nous peut apporter sa pierre à l'édifice. Si vous êtes comme la plupart des gens, sur vos 1,8 kg de déchets quotidiens, 1,3 kg sont de nature organique. Et si vous contribuez déjà au recyclage de votre verre, de vos métaux et de vos plastiques, vous pourriez très bien vouloir aussi recycler vos déchets organiques sous forme de biochar.

Le biochar et l'autoroute à électrons

Aujourd'hui, il y a consensus sur l'importance de disposer de micro-organismes en bonne santé et actifs dans le sol. Pour dire les choses simplement, un réseau robuste et sain de micro-organismes aide les jardiniers à faire pousser des plantes elles aussi plus saines et vigoureuses. Des recherches récentes ont montré les mécanismes à l'œuvre dans cette action favorable qu'a le biochar sur les créatures du sol. En bref, le carbone du biochar augmente de manière spectaculaire le mouvement des électrons, dont les micro-organismes ont besoin pour à peu près tout ce qu'ils font.

Des électrons plus mobiles pour une meilleure activité microbienne

Les électrons circulent dans le sol et facilitent les processus chimiques et biologiques en empruntant les chemins que leur fournit la structure du carbone. On avait considéré jusqu'à présent que la matière organique riche en carbone représentait le support de circulation standard des électrons, mais une nouvelle étude a montré qu'elle est en réalité un mode de transport dont les performances laissent à désirer si on la compare avec la vitesse à laquelle peuvent filer les électrons grâce au biochar.
Un article récent publié dans *Nature Communications*, sous le titre « Transfert rapide des électrons par la matrice de carbone dans le carbone pyrolysé naturel », montre en effet que le biochar est capable d'assurer le transfert des électrons 3 fois plus vite que la matière organique. Tianran Sun, l'un des auteurs de l'article, explique que « les micro-organismes ont besoin des électrons pour tout ce qu'ils font. Pour tous les mécanismes biologiques, ils ont besoin d'électrons ». Si bien que le biochar, en allant jusqu'à tripler la vitesse de circulation des électrons, améliore d'autant les activités chimiques et biologiques des plantes qui sont gouvernées par ces transferts d'électrons.

Le biochar, un accélérateur du transport des électrons

Du fait que les électrons voyagent en utilisant le carbone, et que le biochar est essentiellement du carbone pur, celui-ci fait figure d'autoroute. Non seulement il accélère leur vitesse de déplacement, mais il les rassemble sur plusieurs centimètres à la ronde, comme le dit Johannes Lehmann, professeur de pédologie à l'université de Cornell, dont le laboratoire a réalisé cette étude. Et un centimètre, pour un électron, c'est comme une année-lumière. Des images autour de cette découverte fascinante montrent que les radicelles des plantes s'introduisent directement dans les particules de biochar, avides de ces électrons qui favorisent les processus naturels du sol et leur donnent toute leur vigueur.

Comme le dit le professeur Lehmann, « il existe des formes de biochar qui conduisent les électrons bien plus vite que nous le pensions, et sur de plus grandes distances. Or, de nombreux processus reposent sur le fait de recevoir ou de donner des électrons, comme l'activité microbienne et l'activité racinaire ». La présence de biochar dans le sol peut ainsi être un véritable avantage pour une plante. La matière organique du sol contient certes elle aussi du carbone, mais sous une forme moins structurée. Les structures harmonieuses du carbone contenu dans le biochar amplifient la vitesse de transport des électrons. En d'autres termes, vous pouvez rouler plus vite sur une belle autoroute que sur un chemin accidenté, déformé par les bosses et les nids-de-poule.

Des électrons plus actifs et plus d'azote pour les plantes

Peut-être savez-vous déjà que certaines plantes – comme les pois, les haricots et d'autres légumes – sont capables de « fixer » leur propre azote. Plus précisément, ce sont les bactéries fixatrices d'azote (appelées rhizobiums) qu'elles portent sur leurs racines qui assurent le travail. Chaque espèce de légume possède sa bactérie fixatrice spécifique, qui colonise ses racines, y forme des nodules et rend l'azote disponible pour la plante. Par sa capacité à accélérer le transfert des électrons, le biochar ajouté au sol va faciliter l'activité des rhizobiums et donc fournir plus d'azote pour la plante.

Très précisément, les électrons ont un rôle central dans la manière dont les bactéries fixatrices prélèvent l'azote dans l'air pour le convertir sous des formes utilisables par la plante – nitrates, nitrites et ammoniac. L'azote (de symbole N) de l'air existe sous la forme d'une molécule N_2 étroitement liée – 2 atomes d'azote verrouillés l'un à l'autre – que les plantes ne sont pas capables d'exploiter. La liaison de la molécule N_2 est même l'une des plus fortes de la nature. Séparer ces deux atomes d'azote exige une quantité considérable d'énergie. C'est le cas lorsque l'on produit des engrais azotés chimiques avec le procédé appelé Haber-Bosch, qui casse la liaison et produit de l'ammoniac. Et pourtant, les rhizobiums qui vivent dans les nodules racinaires arrivent aussi à casser ces molécules d'azote, à l'instar de quelques autres bactéries qui vivent librement dans le sol. Ils y parviennent au moyen d'une enzyme qui contient un morceau de molybdène. Lorsqu'une molécule de N_2 s'approche de l'enzyme, le molybdène libère des électrons qui attirent la molécule et la retiennent contre l'enzyme. Les déplacements d'électrons entraînent alors la séparation des atomes d'azote. Chaque atome d'azote tisse alors des liaisons avec 3 protons d'hydrogène pour former la molécule de NH_3 – l'ammoniac – ou avec 4 protons pour former celle de NH_4 – l'ammonium –, les deux étant à la base des engrais azotés. Les atomes d'azote peuvent aussi se lier à des atomes d'oxygène, pour former des molécules de NO_3 ou de NO_2, respectivement de nitrates ou de nitrites, deux engrais azotés encore plus puissants. Le molybdène a alors besoin de nouveaux électrons pour refaire ses réserves, et dans un sol enrichi en biochar, c'est quelque chose qu'il va retrouver rapidement. L'enzyme réalimentée n'a plus qu'à attendre alors la prochaine molécule de NO_2 à assaillir. Un processus complet qui repose donc sur les électrons.

Les rhizobiums au jardin

Si vous avez planté un légume inoculé avec des rhizobiums, arrachez-le une fois qu'il est arrivé à maturité et a fructifié : vous verrez de petites excroissances sur ses racines. Entaillez l'une d'elles pour l'ouvrir et vous observerez quelque chose à l'intérieur qui ressemble à de la chair rose. Il s'agit d'une colonie de bactéries fixatrices d'azote, captant l'azote de l'air et nourrissant vos plantes avec. C'est sous une forme naturelle, c'est juste ce que vos plantes préfèrent, et c'est gratuit.

Pourquoi ne pas simplement employer un engrais chimique comme le nitrate d'ammonium ? Parce que le fait d'apporter de l'azote chimique va étouffer les bactéries qui fixent naturellement l'azote dans le sol. Si bien que vous finissez par payer de tous les côtés l'usage de cet azote coûteux et énergivore, alors que vous auriez pu profiter facilement de l'azote offert par les bactéries naturelles du sol.

Chapitre II

Faire son biochar

La plupart des jardiniers disposent d'assez de terrain pour accumuler brindilles, tiges, branches, et tous ces morceaux de matière organique qui peuvent être pyrolysés pour faire du biochar. Le principe de l'opération est de torréfier cette matière première de telle sorte que les substances volatiles contenues dans le matériau se transforment en gaz, qui monteront jusqu'à une zone où l'air sera disponible en quantité suffisante pour permettre leur embrasement. Par ce cheminement de la combustion, on réduit la fumée, le monoxyde de carbone, le méthane et les autres gaz problématiques. Le feu ne se trouve que sur le dessus, là où les gaz brûlent. Dans la partie inférieure, la matière première va former des braises rougeoyantes au cours de la pyrolyse. C'est à ce stade de charbon, et avant qu'elle ne soit consumée en cendres, qu'on l'arrose avec de l'eau pour stopper le processus. Une fois le charbon sec, on peut le réduire en morceaux ou en poudre, selon sa préférence. On obtient alors du biochar.
Si vous souhaitez avant tout faire simple, vous pouvez parfaitement produire du biochar dans un trou creusé dans le sol. Mais si vous désirez obtenir de quoi amender tout votre jardin, un simple gazéifieur à biochar (tel que celui de la p. 54) sera bien plus productif – et vous évitera de creuser un trou. Le poêle TLUD (« à tirage par allumage sur le dessus ») prend un peu de temps à fabriquer, mais représente le *nec plus ultra* pour le jardinier amateur qui souhaite produire une quantité substantielle de biochar, et je vais me faire un plaisir de vous le présenter.

Veiller à sa sécurité

Avant de faire du biochar chez soi, il y a un certain nombre de mesures de sécurité à prendre pour protéger sa personne et son environnement immédiat. Avant tout, renseignez-vous auprès de votre commune pour connaître la législation locale concernant les feux de jardin et demandez le cas échéant les permis nécessaires. Choisissez un endroit où vous ne risquez pas de mettre le feu à la végétation ou aux arbres environnants. Assurez-vous de disposer d'un tuyau d'arrosage avec assez de pression et suffisamment long pour que vous puissiez atteindre l'emplacement de votre feu et vous placer à un point ou à un autre autour du foyer. Équipez ce tuyau d'une lance d'arrosage qui permette de couper l'eau, et placez-la en position fermée. Veillez à ouvrir l'arrivée d'eau au robinet avant de commencer le feu. Ayez à portée de main une pelle et un râteau à dents en acier, avec quelqu'un à proximité qui pourrait vous porter secours si nécessaire. Si le temps est venteux, reportez votre feu et attendez un jour où il n'y aura que peu de vent.
Équipez-vous aussi d'une solide paire de gants qui protégera vos mains si vous devez récupérer un morceau de bois incandescent qui aurait roulé hors du feu.

Équipement de protection indispensable

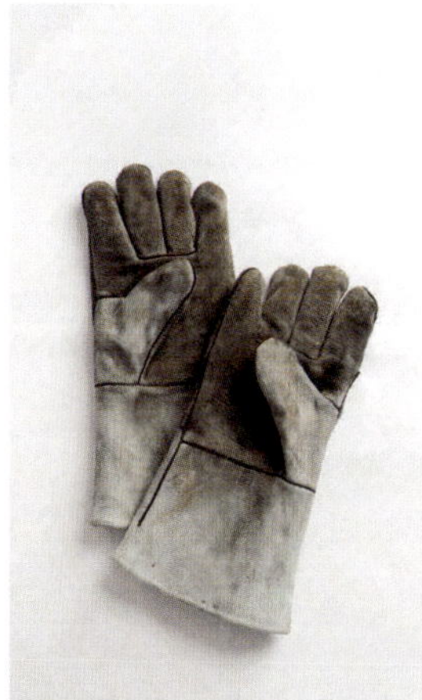

À gauche : Râteau en acier. **Au milieu :** Gants de soudeur. **À droite :** Tuyau d'arrosage ou seau d'eau.

À cet effet, des gants de travail ou de jardin ne fourniront pas une protection suffisante contre la chaleur que peut produire un morceau de bois enflammé ou le métal brûlant. Des gants de soudeur sont plus appropriés et vous protégeront en plus les bras du fait qu'ils remontent bien haut.

Choisir sa matière première

La matière première représente la matière organique que vous allez torréfier. Selon le matériau choisi, vous n'obtiendrez pas la même surface spécifique et, par conséquent, les niveaux de CEC différeront d'autant. Une étude menée en Chine a montré que parmi les biochars produits à partir de paille de blé, de tiges de maïs ou de coques d'arachide, celui issu de tiges de maïs présentait la plus grande capacité à adsorber les composés azotés, avant tout grâce à sa meilleure CEC.

Selon les différentes matières premières, vous obtiendrez aussi des biochars de textures différentes. Le charbon tiré des bois durs est bosselé et résistant, tandis que celui issu des bois tendres est léger et peut facilement être concassé à la taille de grains de riz, ce qui est idéal. C'est pourquoi les déchets de bois d'œuvre (tendre), sous forme par exemple de morceaux de 5 × 10 cm, conviennent bien pour faire du biochar. Le charbon produit à partir de mauvaises herbes ou de la biomasse agricole – comme la paille, le foin, les tiges de maïs, les cosses de graines et tout autre débris herbacé – s'écrase à la main et forme une poudre fine qui se mêlera au sol et s'y fondra.

Les différents types de matière première

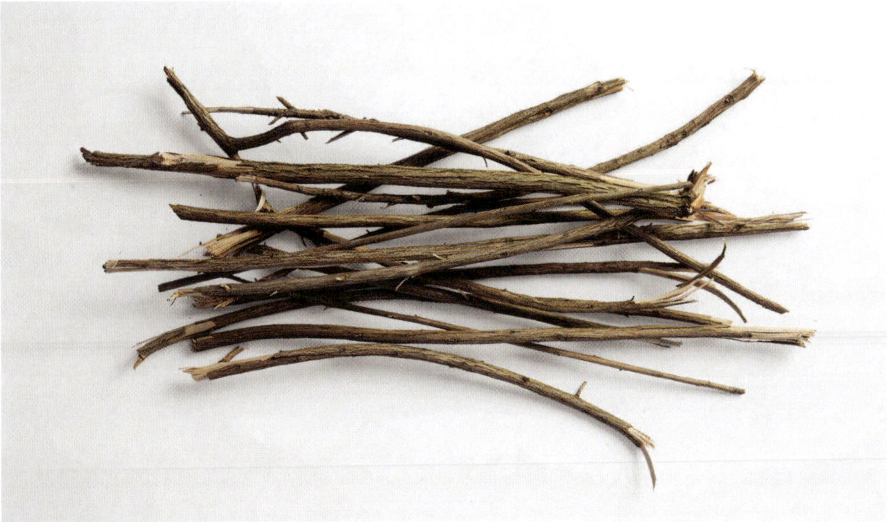

Bois tendre.

À gauche : Paille. **À droite :** Bois dur.

À gauche : Copeaux de bois. **À droite :** Débris de bois.

La texture fine, friable et légère de ce charbon agit positivement sur la structure du sol et sa capacité d'adsorption. Mais veillez à porter un masque qui vous empêchera d'inhaler la poussière : la poussière de biochar a le même effet sur les poumons que celle du charbon, qui cause les pneumoconioses (dont la silicose) dont sont victimes les mineurs en particulier. Les matériaux d'origine animale comme le fumier ont tendance à rester humides et ne fonctionnent pas bien ; ce n'est que si le fumier est vraiment très sec que vous pourrez le faire entrer, en petite proportion, dans votre matière première.

Du petit bois bien sec

Pour une matière première idéale, les branches d'arbres ne devront pas excéder les 8 cm de diamètre ni présenter un taux d'humidité supérieur à 10 %. Les rognures d'un bois passé à l'étuve que l'on peut trouver dans les ateliers des charpentiers et des ébénistes sont en cela un excellent choix, tant qu'elles ne dépassent pas les 8 cm d'épaisseur là où elles sont le plus large. Pour obtenir ce taux, il faut laisser sécher le bois au moins une année sous abri. Puis, pour s'assurer du résultat, on pliera fortement une branche : il faut qu'elle casse net et non qu'elle se torde mollement.
N'utilisez pas de bois vert. Il ne brûlera pas et dégagera d'énormes quantités de fumée ; les copeaux de bois frais ont en plus l'inconvénient de s'agglomérer, étouffant le feu et créant d'autant plus de fumée. Vous aurez en effet pour

Rassemblez du bois sec : il vous faudra, en volume, 2 ou 3 fois plus de petits morceaux de bois que de branches plus grosses.

objectif de générer aussi peu de fumée que possible. C'est un polluant dangereux, qui contient du monoxyde de carbone et plus de 330 composés chimiques devenant des particules fines une fois exposés à l'air froid. 16 de ces composés sont d'ailleurs cancérigènes. Les particules tendent par la suite à devenir ultrafines et sont alors susceptibles d'être emportées par le vent sur des distances dépassant les 15 km.

45 kg de bois donneront 4 à 9 kg de biochar, en fonction de la teneur en humidité et du type de matière première retenu. Les bois légers ou résineux comme le pin, le peuplier ou l'eucalyptus en donneront moins ; les bois durs comme le chêne en donneront plus.

Analyse du biochar selon la matière première

Voici une analyse des propriétés du biochar et de sa composition selon les matières premières choisies, avec pour toutes une pyrolyse à 350 °C. Pour les matières animales de ce test, on a retenu la litière de volaille et les fumiers porcins. Notez que les fumiers d'origine animale ne sont pas recommandés dans cet emploi pour le jardinier amateur. Il est plutôt conseillé de les composter et de les incorporer au sol pour améliorer les stocks en matières organiques. Sans cela, l'azote qu'ils contiennent sera en grande partie gaspillé : soit il restera prisonnier des structures carbonées et se minéralisera alors extrêmement lentement, soit il se volatilisera sous forme de diazote – ou pire, d'oxyde d'azote.

Le tableau de la page suivante montre que la litière de volaille est fortement alcaline et que les copeaux de pin sont fortement acides. Leur mélange à parts égales donne un biochar qui demeure fortement alcalin, avec 63 % de carbone et 3,4 % d'azote – ce qui représente une proportion appréciable d'azote. Ce mélange apporte en outre 14 mg de phosphore et 41 mg de potasse par kilogramme de biochar produit. Ce sont également des quantités appréciables et qui sont facilement disponibles pour les végétaux, mais à ces niveaux-là, il est préférable de les compléter avec du compost.

L'emploi d'une matière première faite de bois sec demande une certaine préparation. Triez les morceaux de bois en 2 tas : un tas principal de branches et de morceaux de 5 à 7 cm de diamètre, et un autre tas d'éléments de moins de 5 cm. Quelle que soit la taille du tas de gros morceaux, vous aurez besoin de 2 ou 3 fois plus de morceaux plus petits. Assurez-vous d'avoir des bâches à disposition pour vous permettre, en cas de pluie impromptue, de couvrir tous vos tas de matière première.

Matière première	pH	Carbone (en %)	Azote (en %)	Phosphore (en mg/kg de biochar)	Potasse (en mg/kg de biochar)
Litière de volaille	9,6	51	5,6	24	59
Copeaux de pin	5,7	78	0,4	0,2	1,5
Mélange copeaux de pin / litière de volaille (50/50)	9,1	63	3,4	14	41
Mélange copeaux de pin / litière de volaille (80/20)	8,4	75	3,4	5	9
Fumier de porc	7,3	50	6,6	47	15
Panic érigé (graminée à biomasse)	6,4	75	0,6	0,4	1,5

Le biochar dans la nature

Dans la nature, les feux de forêt spontanés produisent une couche de charbon qui présente les mêmes capacités d'adsorption que le charbon actif. Cette couche est ensuite recouverte par une nouvelle litière de matière organique qui s'accumule par-dessus. Puis les nutriments solubles de la litière s'écoulent progressivement à travers la couche de charbon jusque dans la couche d'humus épargnée par le feu. C'est de cette manière que la nature régénère un sol après un incendie, et c'est une étape naturelle vers les *terra preta* de l'Amazonie. La couche de charbon favorise les communautés microbiennes, qui s'y développent plus activement que celles se trouvant dessous, dans la couche de sol non brûlée. Bien que le charbon apporte des modifications dans la composition des communautés microbiennes de l'humus, il ne réduit pas la quantité totale de micro-organismes.

Prenez en compte le pH de votre sol

Assurez-vous que votre matière première est bien sèche pour pouvoir la brûler.

Lorsque vous choisissez votre matière première, il vous faut prendre en compte le pH de votre sol. Selon la matière première sélectionnée, le biochar n'aura en effet pas la même influence sur ce pH. Par exemple, si votre sol de base présente un pH favorable (entre 6 et 6,5), vous souhaiterez un biochar sans réelle influence dessus. De façon générale, un biochar issu de bois tendre et de plantes herbacées (hors graminées) n'aura qu'une faible répercussion sur le pH, le faisant monter d'à peine une décimale. En revanche, le biochar tiré de bois durs comme le chêne et l'érable, et de matériaux herbacés, comme les tiges de maïs, aura une influence plus grande, tirant le sol du côté alcalin. Si votre sol est très acide et que vous souhaitez atténuer cela, ce dernier type de matière première pourrait alors vous intéresser.

Faire du biochar dans un trou à feu

Ici, un trou à feu est simplement un trou de forme conique creusé dans le sol. Sa forme va permettre l'extraction vers le haut de l'air situé au fond, entraînant du même fait l'évacuation de l'oxygène contenu dans la matière première. Son sommet étant parfaitement ouvert au passage de l'air, les flammes pourront y consumer les gaz qui auront été également libérés plus bas par la matière en cours de pyrolyse. Cela participe à limiter les fumées et les gaz nocifs, mais le résultat sera quand même moins efficace qu'avec un poêle TLUD.

Étape 1 : Évaluez la capacité de drainage de votre sol

Si vous souhaitez faire un trou à feu permanent pour le biochar, il vous faudra d'abord déterminer si votre sol arrive à évacuer rapidement l'eau ; en effet, s'il est argileux et retient l'eau, vous pourriez vous retrouver au fil du temps avec une petite mare. Pour le savoir, réalisez un test de percolation. Creusez un petit trou de 30 cm et remplissez-le d'eau avec votre tuyau d'arrosage. Une fois que l'eau s'est évacuée, remplissez-le à nouveau. Pour bien faire, il faudrait que l'eau de ce second remplissage se soit évacuée en l'espace d'une heure. Si c'est le cas, votre sol est bien perméable et votre trou à feu ne restera pas rempli lors des pluies. Dans le cas contraire, tournez-vous plutôt vers la réalisation d'un poêle.

Si vous souhaitez faire du biochar dans un trou, vous aurez besoin d'un sol suffisamment drainant.

Un feu en tas sur sol nu

Plutôt que d'avoir à creuser un trou, vous pourriez être tenté de faire un feu en tas sur sol dégagé. Dans ce cas-là, le biochar n'aura toutefois pas la même qualité, car la matière première aura été exposée à une trop grande quantité d'air. Et cela ne vous dispensera pas, tout comme pour un trou à feu, de vous renseigner au sujet de la législation locale concernant les feux ouverts sur sol nu. Des étincelles peuvent s'envoler et enflammer des broussailles à proximité. Par ailleurs, un feu ouvert est susceptible de produire beaucoup de fumée. Si malgré tout vous deviez procéder de la sorte, suivez les règles mentionnées précédemment et limitez-vous à de petits tas – pas plus d'un demi-mètre carré – faits de pièces de bois très sec, empilées en couches où les éléments seront disposés à angle droit par rapport à la couche précédente, et sans que l'ensemble ne dépasse 1 m de haut. Contenez les flammes et douchez le bois lorsqu'il a formé des braises bien rouges.

Étape 2 : Creusez le trou

Monter des parois en terre autour du trou vous permet de le convertir facilement par la suite en une zone de culture enrichie en biochar.

Le trou devra former un cône, avec la pointe vers le bas. L'ouverture fera 1 m de diamètre, et la profondeur sera de 1 m (du bord à la pointe du cône). Faites-le avec soin, et si cela doit vous prendre plusieurs jours, prenez le temps nécessaire. Dites-vous que vous n'aurez qu'à creuser une bonne fois pour toutes !

Étendez à côté une large et solide bâche, sur laquelle vous entasserez la terre extraite du trou. Retirez de cette terre les grosses pierres et, tant que la bâche est encore assez légère pour être déplacée avec son contenu par 2 personnes, évacuez la terre plus loin (vous pouvez par exemple vous en servir pour faire un nouveau parterre surélevé dans votre jardin en carrés). Ramenez ensuite la bâche pour le chargement suivant.

Autre façon de faire, vous pouvez imiter la méthode des Hawaïens, qui utilisent la terre extraite pour ériger une paroi sur tout le pourtour du trou. Le feu terminé, remettez la terre dans le trou à l'aide d'une pelle, sur le biochar. Ajoutez du compost et mélangez l'ensemble. Le tout formera un cercle de culture, riche en biochar et prêt à planter. De cette manière, vous pouvez conduire plusieurs feux directement là où le biochar est nécessaire, en opérant une simple rotation tout autour de la zone que vous souhaitez cultiver.

Organisez la matière première par types dans le trou à feu, en posant au fond les bois les plus lourds (a, b) et les plus légers sur le dessus (c, d).

Étape 3 : Chargez votre matière première

Placez votre charge principale de matière première – qui constituera la base du biochar que vous allez produire – au fond du trou. Évitez de trop la compresser, car cela aurait pour effet de ralentir excessivement la combustion. Le mieux est de la verser en la dispersant ou de la déposer en couches – une couche dans une direction, la suivante avec les morceaux de bois à la perpendiculaire des précédents, et ainsi de suite – jusqu'à ce que l'empilement dépasse d'environ 20 cm les bords du trou. Couvrez ensuite la couche de matière première par une couche dense de 3 cm de tout petit bois, très sec.

Étape 4 : Allumez le feu

Allumez la couche de petit bois à l'aide d'une allumette ou d'un chalumeau à gaz. Ce dernier a l'avantage de permettre un allumage facile, rapide et uniforme, de l'intégralité de la couche de petit bois. Tandis que le petit bois brûlera, sa combustion aspirera l'air contenu dans la matière première située au fond du trou.

Lorsque les premiers morceaux de la couche de matière première commenceront à brûler, ils dégageront de la fumée, mais le petit bois en combustion va rapidement se charger de consumer une partie de cette fumée, si bien que vous ne la verrez pas, et le carbone de la matière première sera maintenu dans ses restes carbonisés au lieu d'être relâché dans l'atmosphère.

Ajoutez des petits morceaux de bois au fur et à mesure de la combustion de la couche supérieure pour entretenir l'aspiration de l'air contenu dans les couches basses de matière première.

Étape 5 : Entretenez la combustion

Au fur et à mesure que le petit bois se consume, ajoutez-en de nouveau sur le dessus. Cela entretiendra la circulation d'air qui a lieu dans la matière première, continuera de brûler les fumées et favorisera l'embrasement de la couche de matière première située dessous. Au début, le processus va s'opérer lentement, mais ensuite, l'intégralité du contenu du trou s'embrasera rapidement. Les flammes seront principalement jaunes, montrant la combustion des gaz, et très peu de fumée sera produite – voire aucune. C'est d'ailleurs précisément le but, l'installation étant conçue pour cela. Si tout le petit bois est brûlé avant que la matière première n'ait été transformée en biochar, ajoutez-en alors encore, car c'est lui qui garantit le bon fonctionnement du système.
Lorsque le feu faiblit dans le trou (45 minutes à 1 heure plus tard), prenez le râteau pour ramener vers le centre du trou les morceaux non encore consumés. Bientôt, la matière première aura été entièrement réduite à un lit épais de braises rougeoyantes. C'est le moment d'arrêter le feu, avant que ces charbons ne deviennent des cendres.

Étape 6 : Arrosez les braises

Ce moment représente le point critique du processus. Il vaut mieux arroser trop tôt que trop tard. Il est toujours possible de laisser brûler le feu un peu plus longtemps, mais une fois que les braises sont devenues des cendres blanches, c'est trop tard.

Avec le tuyau d'arrosage, mouillez soigneusement le lit de braises. Ratissez les braises humides pour mettre au jour toute zone encore chaude et arrosez jusqu'à être sûr que le feu ne couve plus et que tout a été entièrement refroidi.

Douchez le tas pour tuer le feu avant que la matière organique ne soit réduite en cendres.

Quel est le bon moment ?

Un biochar correctement réalisé est léger et rigide, tout en étant très friable. Sa structure est fine et peut être facilement réduite en poudre. Il paraît sec et non gras. Ses traces sur vos mains peuvent s'enlever aisément à l'eau. Et si vous en laissez tomber un morceau sur une surface dure, il devrait faire entendre un léger tintement métallique.

Étape 7 : Laissez-le sécher

Une fois que vous vous êtes assuré que les braises ont été neutralisées, laissez-les en place pendant une journée, puis vérifiez que le feu n'a pas repris. Brassez les morceaux de charbon une nouvelle fois, arrosez à nouveau et laissez reposer un jour de plus. À ce stade, si vous prenez un morceau de charbon dans la main, il devra être noir et froid au toucher.

Une fois le processus achevé, un bon biochar doit être solide, froid, sec, léger et rigide tout en étant friable.

Le biochar doit pouvoir s'émietter facilement à la main. Un biochar humide peut rejoindre directement un tas de compost ou tout autre système destiné à son activation, tel qu'un conteneur rempli de déjections de vers, à partir du moment où vous êtes sûr qu'il est complètement éteint.
Si vous observez des traces blanches de cendres, c'est que vous avez trop laissé brûler votre matière première. La fois suivante, vous veillerez donc à arroser dès que la matière première se sera transformée en braises rouges.

Faire du biochar dans un poêle TLUD

En plus de la méthode du trou à feu ouvert, il existe deux autres moyens de produire du biochar, particulièrement destinés au jardinier amateur : la boîte de conserve ou à munitions métallique et le gazéifieur TLUD (*Top Lit Up-Draft*, soit « à tirage par allumage sur le dessus », littéralement). Les deux limitent la formation de cendres et permettent de transformer 30 % de la masse de matière première en biochar, au lieu de 20 % pour les autres moyens de production. Ils ne coûtent pas cher à faire, sont d'un emploi sûr, présentent des émissions propres, permettent d'atteindre une température de fonctionnement optimale, sont respectueux de l'environnement et donnent un biochar de très bonne qualité pour les sols des jardins.

Le gazéifieur TLUD

Une méthode efficace pour produire du biochar consiste à transformer 2 bidons métalliques de 200 litres en un TLUD et d'en utiliser un troisième comme réservoir de trempe. L'atout du TLUD est de produire très peu de monoxyde de carbone et extrêmement peu de particules fines. Il s'agit du « four à biochar le plus propre du monde », comme le présente Norm Baker, qui a partagé avec nous le secret de sa conception (voir p. 70).
Norm Baker, comme Paul Taylor, l'auteur et éditeur de *The Biochar Revolution*, ont eu un rôle essentiel dans le développement de ce four à biochar TLUD. Celui-ci peut produire environ 60 à 65 litres de biochar – assez pour amender près de 10 m² à 5 % (en volume).

Le TLUD : le gazéifieur à tirage par allumage sur le dessus

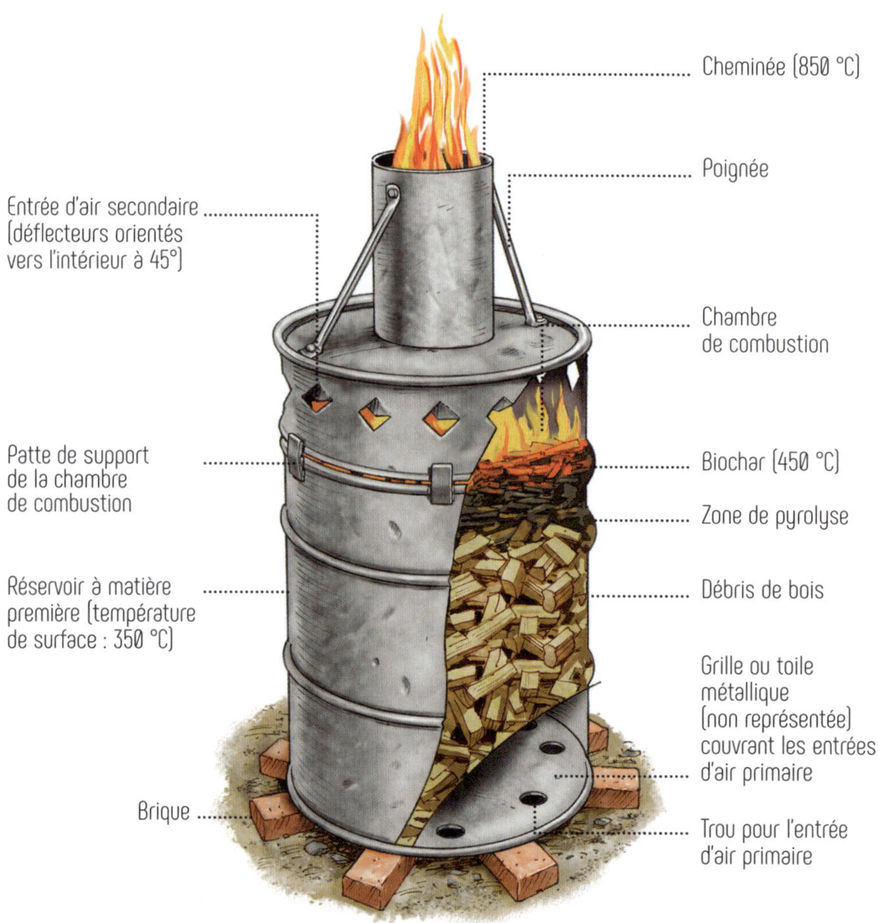

Principes de fonctionnement

- Remplissez-le de matière première sèche et ligneuse. N'utilisez pas de bois vert ou humide.
- Allumez le feu sur le dessus avec un allume-feu ou un chalumeau à gaz.
- La matière première est gazéifiée dans la zone de pyrolyse et donne du biochar.
- L'entrée d'air secondaire brûle les fumées et les gaz volatils dégagés par le bois.
- La pyrolyse commence sur le dessus de la matière première et progresse vers le bas. Le biochar remplira environ un tiers du bidon à la fin du processus.
- Un dispositif minutieusement réglé et bien conçu au départ ne produira quasiment pas de fumée et engendrera très peu de pollution atmosphérique.

Comment fabriquer un TLUD

Pour le TLUD, vous aurez besoin de 2 bidons métalliques de 200 litres. Tous deux devront être propres, ouverts sur le dessus et venir du même fabricant. Sans cela, les petites variations dans les dimensions d'un fabricant à l'autre ne permettront pas que les parties du TLUD s'assemblent parfaitement, ce qui compliquera la fabrication. Il vous faudra aussi des outils courants pour le métal : une meuleuse d'angle, une perceuse et des forets pour le métal, des limes, une scie sauteuse et une scie-sabre. Pour la meuleuse d'angle, un modèle à disque de 115 mm est à conseiller, avec des disques au carbure pour le métal. Ces disques se trouvent en trois épaisseurs. Ceux de 1,6 mm conviendront le mieux à notre projet.

Outils de découpe du métal

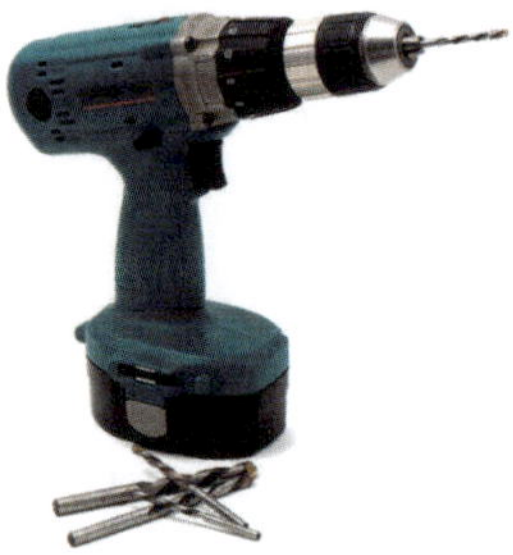

À gauche : Meuleuse d'angle (115 mm). **À droite :** Perceuse et forets pour le métal.

À gauche : Scie-sabre. **À droite :** Scie sauteuse.

On n'insistera jamais assez sur l'importance de porter des protections pour les yeux et les oreilles lorsque l'on travaille le métal. Si vous ne pouvez pas – ou ne souhaitez pas – faire ce travail vous-même, un ferronnier acceptera probablement de le faire à votre place.

Étape 1 : Créez le réservoir à matière première

Sur le fond percé de trous du réservoir à matière première, placez une grille ou une toile métallique pour empêcher leur obstruction.

L'un des bidons est destiné à accueillir la matière première. Percez-en le fond de 10 trous pour assurer l'entrée d'air primaire dans la zone de pyrolyse. Ces trous auront un diamètre de 18 mm et seront facilement réalisés à la perceuse. Reportez-vous au schéma de la p. 54 pour en voir une illustration.
Déposez une grille ou une feuille de toile métallique (avec une maille de 6 mm) à l'intérieur du bidon pour empêcher que les copeaux de bois ne colmatent les trous d'entrée d'air.

Étape 2 : Créez la chambre de combustion

Coupez complètement le deuxième bidon à la meuleuse à 15 cm au-dessus du fond. Cet élément formera la chambre de combustion du TLUD. Retournez la pièce de manière à ce que le fond du bidon soit placé vers le haut. Taillez 16 ouvertures en forme de losange sur la paroi. Réalisez les premières coupes avec le disque au carbure. Pour plus de sécurité, finissez et ébarbez les coupes initiales à la lame à métal, avec la scie-sabre. Pour chaque losange, ne taillez que 3 côtés. Puis enfoncez la découpe, en pliant le long du quatrième côté (placé en partie supérieure) vers l'intérieur de la chambre de combustion, à un angle de 45°, pour former un déflecteur. Ces trous en forme de losange constitueront l'entrée d'air secondaire pour brûler les gaz dégagés par le bois.

Étape 3 : Ajoutez des pattes de support pour la stabilité

Le réservoir à matière première doit servir de support à la chambre de combustion, et pour cela, on emploie généralement des pattes. Utilisez la meuleuse d'angle pour former des entailles profondes de 1 cm de long tous les 2,5 cm sur le pourtour du bord extérieur de la chambre de combustion, afin de créer des pattes flexibles. Puis, avec une paire de tenailles, tordez 2 ou 3 des languettes formées vers l'extérieur, à un angle de 45°, tandis que toutes les autres seront tordues vers l'intérieur, toujours à 45°, de manière à ce que la chambre de combustion penche légèrement vers l'intérieur du sommet ouvert du réservoir à matière première. On peut aussi souder des pattes (comme montré sur la photo).

Sur mon propre TLUD, les pattes de support ont été soudées sur le réservoir à matière première.

Étape 4 : Construisez la cheminée

Un conduit de poêle de 30 cm de diamètre et 60 cm de long (que vous trouverez en magasin de bricolage) fera une très bonne cheminée. Celle-ci peut être centrée au sommet de la chambre de combustion, ou excentrée si vous souhaitez vous ménager une zone pour la cuisson, qui fonctionnera en même temps que vous produirez votre biochar. (Un feu se faisant généralement sur environ 1 heure et 20 minutes, cela laisse assez de temps pour faire mijoter un plat sur le dessus du TLUD. Sa température de surface atteignant environ 350 °C, vous pouvez intercaler une grille sous votre cocotte pour cuire à plus basse température.)

Excentrez la cheminée si vous souhaitez ménager un espace pour la cuisson au sommet de votre TLUD.

Le TLUD achevé se compose de 3 parties : le réservoir à matière première, la chambre de combustion et la cheminée.

Placez le conduit sur le dessus de la chambre de combustion, là où vous le souhaitez. Introduisez la main dans le conduit et tracez son contour, avec un crayon ou un marqueur, sur le dessus de la chambre de combustion. Puis munissez-vous d'une scie-sabre ou d'une scie sauteuse pour découper le cercle que vous venez de tracer. Vous devrez probablement percer au préalable quelques trous sur le pourtour du cercle pour pouvoir y engager la lame de la scie.

Avec une scie à métaux, taillez des languettes de 2,5 cm de large et 1 cm de long, sur tout le pourtour inférieur du conduit. Puis, avec des tenailles, tordez-les vers l'extérieur à 90°. Centrez le conduit au-dessus de l'ouverture que vous venez de tailler au sommet de la chambre de combustion. Choisissez plusieurs languettes comme points de fixation. Pour cela, des rivets pop en acier conviennent bien. Mais on évitera ceux en aluminium, qui se désintégreraient et fondraient sous la chaleur dégagée par le TLUD. Les vis à tôle autoperceuses peuvent aussi très bien convenir.

Pour finir, vous pouvez fixer des poignées à la chambre de combustion pour pouvoir facilement la manipuler, que ce soit pour la placer sur le réservoir à matière première ou pour l'en retirer. De la gaine électrique métallique de 1 cm de diamètre, coupée en morceaux de 50 cm de long, fonctionne bien. Écrasez leurs extrémités sur 1 cm en les serrant, puis finissez de les aplatir au marteau. Courbez les extrémités pour les adapter aux angles du conduit et de la chambre de combustion. Fixez ces poignées avec des écrous et des boulons de 6 mm.

Étape 5 : Créez le réservoir de trempe

Vous aurez besoin d'un troisième et dernier bidon, qui vous servira de réservoir d'eau où mouiller le biochar terminé. Percez-y simplement un trou de 6 mm au fond pour assurer l'évacuation de l'eau.

Comment faire fonctionner le TLUD

Étape 1 : Installez le réservoir à matière première

Placez le réservoir à matière première sur quelques briques afin que l'air puisse circuler en dessous. Remplissez-le complètement de plaquettes, de rognures, de déchets de taille (serrés autant que possible), ou de toute autre matière bien sèche. Rappelez-vous une chose : cette matière première ne devrait, dans l'idéal, pas faire plus de 4 cm d'épaisseur ou de largeur. Une matière plus épaisse ne sera pas complètement pyrolysée et devra être séparée du reste à la fin du feu pour être replacée sur le dessus de la charge suivante de matière première, afin d'espérer un processus complet.

Étape 2 : Enflammez la matière première

Allumez les copeaux de bois avec un allume-feu ou un chalumeau à gaz. Puis placez immédiatement la chambre de combustion sur le dessus du réservoir à matière première. Les flammes dans la chambre de combustion seront d'un orange tirant sur le jaune. Un peu de fumée se dégagera au départ, lors de la montée en température du métal de la chambre de combustion. Mais une fois que la pyrolyse tournera à pleine puissance, la production de fumée cessera et vous pourrez voir et entendre les flammes se déchaîner dans la chambre de combustion, à travers les ouvertures en losange.

La matière première doit être composée d'éléments de petite taille, légers et bien serrés dans le poêle.

Avec un thermomètre à infrarouge, vous pourrez facilement tester la température de surface de votre réservoir à matière première.

Étape 3 : Gérez le feu

Le réservoir de trempe empêche le biochar de cuire plus qu'il ne devrait.

Au cours du processus de pyrolyse, son action va migrer jusque dans les deux premiers tiers du réservoir. Le grondement va progressivement s'arrêter et les flammes jaunes vont commencer à perdre de la hauteur. Vous pourrez le constater à travers les ouvertures en losange de la chambre de combustion. Le biochar rougeoie alors, il affiche une belle et éclatante couleur rouge orangé. Enfin, les flammes s'éteignent d'elles-mêmes et il peut se produire, éventuellement, une dernière bouffée de fumée. Le feu dans son ensemble prendra 70 à 90 minutes, en fonction de la matière première utilisée.

Étape 4 : Retirez la chambre de combustion et refroidissez le biochar

Une fois les flammes éteintes, enfilez vos gants de soudeur et retirez la chambre de combustion, pour la poser par terre, à l'écart. Dès que vous verrez se former un début de cendres blanc-gris sur les bords des charbons de biochar, saisissez aussitôt le réservoir à matière première (toujours en utilisant les gants) et videz-le dans le bidon de trempe. Si le biochar n'était pas brutalement refroidi, il continuerait à brûler pour se transformer complètement en cendres blanches. Posez à l'écart le réservoir à matière première encore chaud. Mouillez immédiatement le biochar au tuyau d'arrosage. Ne vous mettez pas dans le sens du vent lorsque vous verserez le biochar, car il va dégager d'énormes quantités de vapeur. Noyez la totalité du biochar. Le bidon de trempe pourra être laissé en place, sur le sol, le temps que l'excès d'eau s'en évacue.

Une fois refroidi, le biochar est prêt à être écrasé et inoculé avec du thé de fumier ou des déjections de vers, à moins que vous ne le travailliez dans le tas de compost pour l'utiliser plus tard au jardin. Il n'est pas utile de le faire sécher à l'air libre.

À peu près toutes les personnes qui ont fait du biochar en quantités un peu importantes se sont retrouvées un jour à avoir laissé sans le vouloir une braise non refroidie enfouie dans leur biochar et à revenir plus tard pour découvrir toute leur production réduite en cendres. Parfois, il suffit d'ajouter une nouvelle fournée de biochar cachant juste une braise à un bidon qui stocke les fournées précédentes pour que tout le contenu du bidon se consume en une nuit. Vous voilà donc prévenu : prenez un soin tout particulier à refroidir votre biochar !

Un dernier conseil : protégez votre TLUD des intempéries. Dans le cas contraire, il pourrait rouiller complètement en l'espace de quelques années.

Du biochar prêt à être concassé et inoculé.

Faire son biochar dans une boîte métallique

Vous pouvez parfaitement pyrolyser de petits morceaux de bois ou des déchets de cuisine compostables dans une boîte métallique placée dans un poêle à bois.

Si vous disposez d'un poêle à bois à la maison ou dans une dépendance, vous pouvez produire du biochar dans une boîte métallique destinée aux conserves et munie d'un couvercle. (Une boîte à munitions trouvée dans un magasin de surplus militaires ou de fournitures pour la chasse fait aussi très bien l'affaire.) La boîte devra être assez petite pour tenir dans le poêle. Avec un tournevis, ôtez soigneusement toute trace de joint en caoutchouc de l'intérieur du couvercle, puis remplissez la boite de déchets de bois. Attendez que la charge de bois dans le poêle ait été transformée en braises rougeoyantes pour poser la boîte dessus.

Tandis que cette dernière chauffera, vous verrez les gaz du bois s'échapper et s'enflammer autour du couvercle. La beauté de la chose, c'est que vous produisez du biochar tout en chauffant votre maison.
Pour finir, lorsque les braises se sont consumées et que le poêle a refroidi, ouvrez celui-ci et retirez-en la boîte pour récupérer votre biochar.
Vous pouvez aussi pyrolyser des os d'animaux pour faire du biochar d'os. C'est une excellente manière de les recycler et d'apporter du calcium ou du phosphore au sol de votre jardin. Le biochar que vous produirez dans une boîte sera sec et il sera préférable de l'humidifier et de l'inoculer avant de l'employer.

Produire du biochar sur une année

Je vous conseille d'accumuler les déchets de taille de vos végétaux ligneux tout au long du printemps et de l'été, en les laissant sécher complètement, et de faire votre biochar à l'automne.
Cela dit, de nombreuses personnes préfèrent broyer leurs déchets de taille au fur et à mesure qu'ils sont produits. Les bidons remplis de ces copeaux sèchent alors durant tout l'été, pour peu que vous les laissiez au soleil. Couvrez-en le dessus avec une protection lâche, qui préservera le contenu de la pluie, et posez les bidons sur 3 briques pour permettre une circulation d'air en dessous. Le broyat sera sec à l'automne. Ce type de débris produit une plus grande quantité de biochar en un seul feu, car il est alors possible de les entasser avec une densité plus grande que vous ne pourriez le faire avec des branches.
À plus grande échelle, vous pouvez construire 4 TLUD, sinon plus, et faire des feux dedans coup sur coup afin de produire de grandes quantités de biochar sur une seule journée. Lancez chaque feu à 30 minutes d'intervalle, ce qui vous permettra d'avoir assez de marge pour assurer sereinement toutes les tâches que demande chaque TLUD. 13 feux donneront 760 litres de biochar – de quoi amender environ 120 m^2 de sol à 5 % de biochar (en volume). Certes, la construction de 4 TLUD, si elle doit se faire avec du matériel neuf, vous coûtera autant que d'acheter ces 760 litres de biochar, mais chaque TLUD peut servir pour 60 à 100 feux avant de s'abîmer.

Après la torréfaction : remuer, ensacher et écraser

Une fois que la torréfaction du biochar est achevée, il faut l'écraser. Un biochar finement écrasé présente en effet une bien plus grande surface que de gros morceaux, et comme c'est la surface spécifique qui facilite le transport des électrons dans le sol, en favorisant les fonctions biologiques des formes de vie qui l'occupent… de fines particules de biochar seront très efficaces à la fois pour alléger les terres denses et pour donner plus de cohésion aux sols trop sableux. Quel degré de finesse atteindre ? Le plus fin sera le mieux. Des particules de moins de 6 mm conviennent bien ; de la taille d'une graine de sésame, c'est encore mieux ; et sous forme de poudre, c'est l'idéal.

Pour écraser le biochar, rassemblez-le, remplissez-en un sac solide ou un sac de toile, avant de passer et repasser dessus en voiture. Régulièrement, entre vos séries de passages, secouez les sacs et retournez-les. Une autre méthode consiste, si vous possédez une étable, une écurie, un enclos à chèvres ou un poulailler, à y placer le biochar et les animaux vont non seulement le concasser et l'écraser en le piétinant, mais aussi l'inoculer avec leurs déjections et leur urine.

Le biochar torréfié doit être écrasé aussi finement que possible.

Acheter son biochar

Si vous ne souhaitez pas produire du biochar chez vous, vous pouvez chercher des jardineries qui en proposent, en acheter sur Internet ou chercher les coordonnées d'un producteur local. Vous trouverez quelques adresses en p. 104. En achetant du biochar, il se peut que vous vous posiez un certain nombre de questions. Est-ce que tous les biochars se ressemblent ? Y en a-t-il de meilleurs que d'autres ? En quoi et pourquoi certains diffèrent-ils en qualité ? Comment puis-je être sûr d'en avoir pour mon argent ? Que de bonnes questions !

Choisissez ce qui convient pour votre jardin

Le biochar n'est pas un produit standardisé : sa texture et sa composition varient en fonction de la matière première utilisée pour le faire. Selon les espèces de plantes ou les types de matière organique, il aura des caractéristiques variables. Et la matière première peut aussi varier en elle-même, en fonction du climat et du type de sol où les plantes ont poussé, de la quantité d'eau dont elles ont pu disposer, et d'autres facteurs locaux. Le biochar variera aussi en fonction de la méthode de production employée. Des différences dans les températures de pyrolyse, dans le taux d'humidité de la matière première, dans la quantité d'air apportée au cours du processus ou dans la durée de celui-ci peuvent toutes influer sur les variations du produit fini. En général, pour un jardin, un produit fin et poudreux possède la plus grande surface spécifique et est préférable à un biochar plus grossier. Une poudre de biochar bien fini devrait être sèche, non grasse et pouvoir s'enlever de vos mains après un simple lavage à l'eau.
Quel produit est bon pour vous ? Au-delà de sa granulométrie, il est difficile d'en savoir beaucoup plus à son sujet par un simple examen visuel. Bien sûr, la qualité la plus fine est la plus recommandable pour un jardin, mais allez consulter le site Internet du fabricant pour récolter des informations sur les matières premières utilisées. Les bois durs conviennent, les bois tendres sont généralement meilleurs, et les déchets agricoles comme la paille représentent souvent le meilleur choix. Par contre, les matières organiques d'origine animale comme les fumiers et les déjections de volaille sont moins souhaitables, faute de posséder cette structure poreuse qui fait du biochar de matières végétales cet habitat si accueillant pour les micro-organismes.
Le biochar se décline souvent en différentes qualités : la qualité supérieure, la qualité moyenne et la qualité standard, en fonction de la taille de ses particules et de sa capacité de stockage du carbone. La qualité supérieure – la plus fine – est employée comme substrat dans les cultures hydroponiques de tomate, concombre et poivron sous serre. Elle est aussi utilisée pour décontaminer

les sols et l'eau, et pour supprimer les excès de phosphates dans les étangs et les lacs qui subissent des proliférations d'algues. Le biochar qui a servi à ces utilisations peut ensuite être incorporé à la terre. Le biochar de qualité moyenne convient très bien pour être mélangé à un terreau de rempotage destiné à des plants de légumes ou de fleurs. Le biochar standard, mélangé lui aussi à du compost, est utilisé pour amender les champs et pour la restauration de sols.

Composition minérale du biochar de copeaux d'érable

Bien que le biochar ait pour principales fonctions et applications de séquestrer le carbone, d'améliorer les sols et de favoriser leur écosystème, il a également une certaine capacité à apporter des minéraux. Ces minéraux alimentent en partie les micro-organismes. Le tableau ci-dessous vous donnera une idée de la composition minérale du biochar fait à partir de débris d'érable.

Minéraux	Quantité en mg/kg de biochar	Proportion dans le biochar
Soufre	403,1	13,7 %
Magnésium	197	6,7 %
Calcium	174,6	6 %
Phosphore	94,9	3,2 %
Potasse	85,7	2,9 %

Qualité supérieure

Qualité moyenne

Qualité standard

Le biochar de qualité supérieure est commercialisé pour la culture hydroponique. La qualité moyenne convient pour la culture en pot. La qualité standard est destinée à l'application au champ.

Notes de terrain
Le biochar et les Baker

Norm et Peggy Baker sont passés maîtres dans la production de biochar chez eux. Depuis toujours, ils se sont passionnés pour les cultures, des orchidées aux légumes du potager. Norm a grandi dans une ferme où il a appris à aimer les plantes. Au sortir d'un parcours universitaire avancé en entomologie et en écologie, lui et son épouse, Peggy, lancèrent la pépinière Northstar Nurseries, spécialisée dans les hémérocalles, dans le Minnesota.

En tant que novices dans le secteur, les Baker commencèrent à fréquenter les réunions professionnelles pour apprendre la manière de gérer une entreprise horticole. Lors d'un atelier sur la fertilité des sols dirigé par un professeur de l'université du Minnesota, quelqu'un posa la question : « Quel est le sol le plus riche du monde ? » Le professeur répondit alors : « Il s'agit d'un sol que l'on trouve en Amérique du Sud et que l'on nomme *terra preta*. Il est incroyablement fertile, mais on n'en connaît pas la raison. » Cela frappa Norm, qui y vit un sujet hautement prioritaire dans la recherche scientifique.

Des années plus tard, lorsque les Baker prirent leur retraite à Sequim, dans l'État de Washington, sur la péninsule Olympique, ils découvrirent l'usage du biochar. De prime abord, ils se montrèrent sceptiques sur ce sol prétendument miraculeux. Trop beau pour être vrai, pensèrent-ils. Mais en s'aidant des fondamentaux que Norm avait acquis en recherche expérimentale, ils commencèrent à concevoir des expériences pour tester le biochar et ses applications « trop belles pour être vraies ». Les promesses du biochar – tiré de déchets de bois qui sans cela seraient gaspillés – pourraient très bien s'inscrire dans des jardins en culture biologique, estimèrent-ils. Ils commencèrent aussi à participer à des réunions locales sur le sujet et à des formations sur les gazéifieurs TLUD assurées par Art Donnelly de SeaChar (une association à but non lucratif dédiée au développement de stratégies pour un mode de vie « à empreinte carbone négative »). Commencèrent alors des années de tâtonnements dans le bricolage de modèles de TLUD, dans l'expérimentation du biochar au jardin et d'un biochar d'urine. Ces initiatives furent souvent le fruit de collaborations avec d'autres utilisateurs passionnés de biochar, et leurs résultats dépassèrent les attentes. Les Baker se disent émerveillés de ce que les gens peuvent accomplir lorsqu'ils déploient leurs efforts sur une chose dont ils sont persuadés de l'importance. Aujourd'hui, les Baker donnent régulièrement des conférences auprès d'associations – environnementales, de jardiniers, horticoles et humanitaires – sur les vertus du biochar.

Ils ont remarquablement amélioré la durabilité de leur propre terrain.

Un calcul rapide montre que leur jardin de 220 m^2 a séquestré près de 1,3 tonne de CO_2 tiré directement de l'atmosphère.

Ce qui représentait autrefois un important gaspillage de l'espace est devenu une source de bois pour chauffer leur maison et produire du biochar en quantité. Pour couronner le tout, la qualité et le rendement de leurs productions potagères sont phénoménaux. Sur la foi de leur expérience personnelle, les Baker sont convaincus que le biochar jouera un grand rôle dans la création d'un futur plus écologique et plus durable.

Deux pionniers du biochar : Norm et Peggy Baker.

Ball

Chapitre III

Inoculer son biochar

Tous les biochars bruts ont besoin d'être inoculés pour exprimer leur action bénéfique sur le jardin. D'ailleurs, ajouter un biochar brut au sol peut au contraire ralentir la croissance des plantes au lieu de la stimuler, car, tel quel, ce matériau repoussera l'eau et sera dépourvu de vie microbienne. Lorsque vous inoculez votre biochar, vous le chargez en micro-organismes et le rendez prêt à enrichir votre sol. L'opération complémentaire consiste à l'humidifier pour lui permettre de retenir l'humidité du sol.

Pourquoi l'inoculer ?

Considérez le biochar (en particulier lorsqu'il est fait à partir de bois) comme un catalyseur et un gardien de la santé du sol plutôt que comme un fournisseur de nutriments. Lorsque vous l'inoculez, vous l'ensemencez de milliers d'espèces de micro-organismes – des milliards par pelletée. Ces micro-organismes du sol sont le socle de toute vie sur Terre. Ils agissent indépendamment jusqu'à un certain point, mais sans commune mesure avec ce qu'ils sont capables de faire lorsqu'ils nouent des alliances écologiques et forment des colonies. Dans leurs collaborations, ils déconstruisent la matière végétale en décomposition et libèrent des nutriments sous une forme soluble pour produire l'humus – de la matière organique complètement décomposée, riche en nutriments et minéraux, et essentielle pour une croissance végétale saine. En présence du biochar, ce processus naturel de décomposition est intensifié et rendu plus efficace, car l'humus et le biochar sont tous deux des réservoirs qui retiennent sur leur surface ces nourritures liquéfiées des végétaux, les empêchant d'être lessivées par la pluie ou les arrosages.

Incorporer un biochar non inoculé, de la manière dont vous le feriez avec du compost, n'est pas idéal. Le biochar brut n'apporte pas de nutriments et, comme nous l'avons dit et comme l'ont montré certaines études, peut même ralentir la croissance de certaines plantes de jardin la première ou les 2 premières années.

Les vertus d'une inoculation du biochar

- Un équilibrage du pH du sol, l'amenant aux alentours de 6,5, autrement dit légèrement acide. Or, ce niveau de pH est celui auquel les nutriments sont le plus biodisponibles pour de nombreuses plantes.
- Une augmentation de la CEC du sol.
- Une ouverture aux synergies et aux relations symbiotiques qui ont lieu lorsque le sol devient un écosystème robuste et équilibré.

Les manières d'inoculer le biochar

Il existe diverses manières d'inoculer votre biochar. Vous pouvez choisir l'une de celles qui sont présentées ci-après, ou vous pouvez en combiner certaines. Ce qui est important, ce n'est pas la méthode que vous choisirez, car elles fonctionnent toutes, mais de choisir celle qui sera la plus pratique pour vous. Car c'est le résultat final qui prime : un biochar chargé de vie microbienne et prêt à devenir un amendement efficace du sol.

Le cocompostage

L'une des façons les plus simples et les plus efficaces d'inoculer le biochar est de le cocomposter avec des matières que vous intégreriez normalement à votre tas de compost. Il est préférable pour cela d'employer votre compost maison, pour la simple et bonne raison que vous pouvez contrôler ce qui y entre. Plus les matières employées seront diversifiées, plus votre biochar sera porteur d'une vie microbienne variée.

1. Alternez les couches de matières riches en carbone (feuilles sèches, paille, déchets végétaux) et de matières riches en azote (fumier de volaille, tontes fraîches de gazon, fumier d'animaux de ferme). La plupart des sources conviennent qu'un rapport de 30 pour 1 entre le carbone et l'azote est idéal, mais d'après mon expérience, bâtie sur une pratique de plusieurs années, il existe une certaine flexibilité. Ainsi, dans mon propre tas de compost, une proportion de 4 pour 1 a fait ses preuves.

2. Mélangez le biochar avec vos matières compostables dans une proportion de 2 volumes de biochar pour 5 de compost (soit à peu près 40 % de biochar pour 60 % de compost), en l'ajoutant au fur et à mesure que vous formez les couches.
3. Maintenez le mélange humide (mais non détrempé) en l'arrosant ; il faut qu'il ressemble à une éponge essorée.
4. Retournez-le à la fourche ou au râteau chaque semaine ou tous les 15 jours (remuez le tas comme vous le feriez avec un compost classique).
5. Une fois que la chaleur du tas de compost a baissé et que celui-ci est mûr, laissez-le reposer pendant 4 à 8 semaines, de manière à ce que le biochar puisse se charger complètement.

L'importance d'ajouter de l'eau

Tout juste sorti du poêle, le biochar est en grosse partie hydrophobe, ce qui signifie qu'il repousse l'eau. La chaleur du feu a chassé jusqu'à la dernière molécule d'eau, et les huiles et résines du bois ont été liquéfiées avant de former en se refroidissant des surfaces collantes et luisantes, que l'eau ne peut pénétrer facilement. Par ailleurs, le biochar brut est souvent vendu sous forme de poudre – une poudre légère et floconneuse difficile à utiliser telle quelle, qu'il convient de ne pas inhaler et qui s'envolera au moindre souffle. Mais il suffit d'y mêler un petit peu d'eau – juste assez pour assurer la cohésion du charbon tout en le gardant facile à manipuler et à travailler, sans qu'il ne se transforme en une masse visqueuse – pour que les micro-organismes soient rapidement capables de digérer les huiles et les résines. 1 ou 2 semaines après avoir été humidifié et mélangé à un matériau biologiquement actif, le charbon devient hydrophile : il s'imbibera et retiendra l'eau.

Le mélange avec du fumier

Pour inoculer un biochar, il est également possible de le mélanger à une boue faite de fumiers de ferme (mais n'utilisez jamais de déjections d'animaux de compagnie, car elles peuvent être porteuses d'agents pathogènes humains). Voici ma sélection des meilleurs fumiers pour apporter des micro-organismes et des minéraux au jardin ou à un biochar :

- fumier de porc ;
- fumier de chèvre ;
- fumier de poule ou de dinde ;

- fumier de lapin ;
- fumier de bovins et de mouton ;
- fumier de cheval.

Il faut savoir que les fumiers de vache, de mouton et de cheval sont moins riches en azote que d'autres et que ces animaux ont tendance à consommer des herbes sauvages en graines, ce qui diffusera par la suite ces plantes dans votre jardin.

Le mélange avec des déjections (turricules) de vers

Mélanger à parts égales du biochar avec des turricules de vers est également une excellente façon de l'inoculer. Les turricules sont les résidus de la matière organique passée au travers du système digestif des vers de terre – plus trivialement, ce sont leurs cacas. Les turricules sont 7 fois plus riches en nutriments végétaux majeurs qu'un compost. Vous pouvez acheter ces turricules secs conditionnés en sacs, ou produire les vôtres en entretenant un lombricomposteur (voir page suivante).

Pour 35 litres d'un mélange à parts égales de biochar et de turricules, ajoutez 1 ou 2 tasses (250 ml) de farine de blé avec assez d'eau pour obtenir une bouillie – assez pour ne pas obtenir une consistance de pâte, mais pas trop pour ne pas obtenir non plus une bouillie trop liquide. La farine devient une source de nourriture pour les moisissures qui vont coloniser le mélange avec leurs filaments mycéliens – ces filaments longs et filiformes que les champignons utilisent pour sonder le sol et s'y connecter. Le fait d'encourager les champignons au cours du processus d'activation du biochar va permettre une meilleure agrégation des particules du sol ; c'est-à-dire qu'il sera plus grumeleux et friable, avec de plus grosses particules et une meilleure capacité à retenir l'eau. La farine participe aussi à vivifier le mélange. Celui-ci fermentera rapidement et sera utilisable après environ 3 semaines, bien que vous puissiez attendre plus longtemps si vous le souhaitez. Assurez-vous simplement que le mélange reste humide et protégé de la pluie et du soleil direct. En complément à la farine, vous pouvez ajouter un peu de mélasse délayée dans de l'eau, ou remplacer la farine de blé par de la farine de maïs. Ces sucres et cet amidon aident le mélange à monter en température et à fermenter plus vite.

Gardez à l'esprit qu'aucune de ces proportions utilisées pour l'activation du biochar n'est gravée dans le marbre. Nous avons affaire là à des systèmes biologiques, qui demandent toujours un peu d'expérimentation.

Le biochar sera utilisable dès 3 semaines, mais il est préférable de laisser reposer le mélange pendant 4 à 8 semaines afin qu'il soit entièrement colonisé par les micro-organismes et que ceux-ci puissent avoir eu le temps de mettre en place leur microscopique écologie.

Les vers dévorent mon biochar

Pour être certain de disposer en permanence de turricules à mélanger à votre biochar, la meilleure solution est d'élever vos propres vers. Le ver du fumier (*Eisenia fetida*) est l'espèce qui se prête le mieux au lombricompostage. On peut même en acheter par correspondance, en les commandant en ligne. Je dispose de 3 lombricomposteurs ronds en plastique, composés chacun de 4 plateaux, qui me donnent chaque année plus d'un demi-mètre cube de turricules riches en nutriments.

Les vers transformeront en quelques semaines vos déchets végétaux de cuisine (pelures, morceaux abîmés, etc.) en une matière noire et grumeleuse. Les vers du fumier apprécient toute forme de matière végétale à l'exclusion des piments forts, des écorces d'agrumes et des déchets issus d'espèces du genre *Allium* (oignon, poireau, échalote, ail, ciboulette). Évitez aussi de leur donner des produits d'origine animale (viande, œufs, fromage), à l'exception des coquilles d'œufs qui permettent d'apporter du calcium à leurs turricules et dans lesquelles les vers aiment se lover.

Le modèle de lombricomposteur que j'utilise s'appelle Can-O-Worms. En dessous, se trouve un support arrondi formé de 3 pieds avec un robinet qui permet de récolter un jus que les plantes adorent. Je place une poêle profonde sous le robinet pour récupérer le jus en question. Si, pour votre part, vous aimez déguster un cocktail à l'apéritif, les plantes se régalent d'un « jus de ver », comme je l'appelle – un liquide riche et sombre produit par les milliers de vers rouges qui sillonnent vos déchets de cuisine. Le premier plateau, rond et percé de centaines de petits trous dans le fond, est posé sur le support et on en tapisse le fond d'une couche de bandes de papier journal humide. Les vers sont placés sur le papier journal et on leur donne leur première ration de déchets. Puis on place un couvercle dessus. Le temps passant, ce plateau se remplira de résidus partiellement digérés et de turricules. On placera alors un deuxième plateau sur le premier, avec une nouvelle réserve de déchets, et un nouveau couvercle par-dessus. Lorsque les vers du plateau du bas auront fini de consommer la matière qui s'y trouve, ils migreront vers le nouveau plateau au-dessus d'eux, à travers ses trous. Et il n'y aura qu'à répéter le processus avec les 2 derniers plateaux. Quelque temps après avoir posé le dernier plateau, le moment sera venu de récolter les turricules.

Pour cela, je retire le plateau du haut, qui contient encore des déchets relativement frais, et je le mets de côté. Puis je renverse les 3 plateaux du bas sur une bâche.

Les vers n'aimant pas la lumière du soleil, ils vont s'enfouir dans leur amas de turricules. Avec mes mains (après avoir enfilé des gants de cuisine), je racle la couche supérieure de turricules et la transfère dans un conteneur. Cela a pour effet d'exposer les vers, qui vont à nouveau s'enfoncer pour fuir la lumière. Une fois qu'ils ont disparu, je racle une nouvelle couche de turricules, qui vont rejoindre les précédents dans mon conteneur. Et je répète l'opération – qui peut demander de s'y reprendre à plusieurs fois sur quelques jours, mais sans non plus demander beaucoup de temps – jusqu'à tomber sur une grosse masse de vers isolés. Si quelques vers se sont retrouvés dans le conteneur avec les turricules au cours de l'opération, ce n'est pas un problème.
Il ne me reste plus qu'à rincer au tuyau d'arrosage le support et les plateaux vides, en m'assurant que le robinet du lombricomposteur n'est pas obstrué. Puis je place sur le support le plateau avec les déchets encore frais que j'avais mis de côté. J'y transfère la masse de vers, je place le couvercle dessus et me voilà prêt pour un nouveau cycle. De mon expérience, l'opération est à renouveler tous les 6 mois en moyenne mais, à mes yeux, elle n'est pas vraiment contraignante : ces vers produisent de l'or noir !

Mettez vos poules à contribution !

Si vous élevez des poules, vous avez peut-être déjà fait l'expérience de jeter des déchets de cuisine sur les plumes qui jonchent le sol, mêlées aux feuilles mortes : les poules réduisent alors déchets et feuilles en petites particules, tout en les mêlant à leurs déjections. Le tout fait déjà un fertilisant très nutritif pour les plantes. Mais cela constitue en plus un merveilleux partenaire pour le biochar. Épandez simplement une couche de 1 à 2,5 cm de biochar sur le sol du poulailler. Le biochar va désodoriser le mélange de légumes et d'excréments (tout bonus pour vous !), et les poules se chargeront d'inoculer le biochar. Après 3 ou 4 semaines, ratissez le mélange de déjections et de biochar et faites-en un tas, que vous humidifierez au tuyau d'arrosage tout en le formant. Couvrez-le et vérifiez qu'il gagne en température. Le fumier de poule est riche en azote – à tel point qu'il peut brûler les jeunes plantes s'il n'a pas été composté et n'est pas assez décomposé. Lorsqu'il est juste chaud au toucher, le fumier est stabilisé et on peut l'utiliser en toute sécurité. S'il est encore à 45 °C ou plus chaud encore – vous en ressentirez la chaleur en y enfonçant la main –, patientez jusqu'à ce que la température baisse avant de l'utiliser dans le jardin. Le biochar sera alors complètement inoculé !

Nourrissez vos animaux avec un peu de biochar

Nous savons que le biochar a besoin d'être inoculé par des matières riches en micro-organismes pour atteindre tout son potentiel fonctionnel dans le jardin. Et quel endroit plus riche en micro-organismes existe-t-il que les intestins des animaux ? Leurs systèmes digestifs hébergent en effet des milliards de micro-organismes aptes à activer le biochar. Si bien que mélanger un peu de biochar finement moulu à la nourriture des animaux de ferme est une idée logique, étant donné qu'il sera inoculé par son passage dans les canaux alimentaires de nos amis de la ferme.

N.B. : Cette méthode pour activer le biochar et améliorer le pouvoir de croissance des fumiers des animaux de ferme ne s'applique qu'aux espèces animales herbivores, ou aux omnivores dont le régime alimentaire est essentiellement herbivore - comme les porcs. Ne compostez pas le fumier d'espèces carnivores prédatrices – dont les chiens et les chats –, car elles peuvent être porteuses de parasites et de maladies préjudiciables aux humains.

Le trempage dans une solution riche en nutriments

Inoculer du biochar peut également être aussi simple qu'un trempage dans une solution riche en nutriments, comme une émulsion de poisson, de l'urine, une fermentation d'algues marines, ou encore du thé de compost, du fumier ou du « jus de vers » tiré de votre lombricomposteur.
Mélangez pour cela 1 volume de biochar pour 1 volume de thé de compost ou d'une autre solution riche en nutriments, et laissez reposer le tout pendant 1 mois. Remuez tous les 2 jours et ne laissez pas sécher.

Un bain dans du thé de compost permet au biochar de s'imprégner de nutriments.

Le mélange avec du compost mûr

Une des façons les plus simples et les plus efficaces d'inoculer du biochar est de le mélanger avec du compost mûr dans des proportions de 2 volumes de compost pour 1 de biochar. Prenez pour cela un conteneur étanche, tel qu'un seau de 20 litres en plastique. Remplissez-le à moitié du mélange compost-biochar et complétez avec de l'eau. Mélangez bien et remuez tous les 2 jours pendant environ 1 mois. Passé ce délai, égouttez le mélange dans un autre seau et servez-vous du liquide récupéré pour arroser des plantes ou appliquez-le par vaporisation foliaire. Quant à la bouillie plus lourde de biochar-compost, épandez-la sur le sol du jardin, en surfaçage autour des plantes ou sur les trous de plantation. Le biochar utilisé sera ainsi inoculé en profondeur.

Mélangez 2 volumes de compost mûr avec 1 volume de biochar pour inoculer ce dernier.

Un coup de pouce minéral

De nombreux sols présentent des carences en certains minéraux dont les plantes ont besoin pour pousser correctement, notamment le phosphore et la potasse, ainsi qu'en certains oligoéléments comme le magnésium, le manganèse, le zinc et le calcium. Les ajouter à votre biochar au cours du processus d'activation est une bonne idée. Peu importe le moment où vous les introduisez, ajoutez juste 1 ou 2 poignées. Un supplément de phosphore pourra être apporté par le biais de phosphate naturel. Quant à la potasse, on en trouve notamment dans les sables à glauconie (des « sables verts ») qui sont vendus comme amendements. Les oligoéléments peuvent être fournis par des extraits d'algues marines, des émulsions de poisson ou des spécialités commerciales formulées en ce sens.
Une autre manière d'améliorer la teneur en nutriments végétaux du biochar est d'y mélanger 1 cuillère à soupe (15 ml) de roche volcanique micronisée.

Un mélange avec de la poudre de roche volcanique charge le biochar en oligoéléments.

Mais veillez à porter un masque pour ne pas inhaler ces matériaux si vous les travaillez.
Les poudres de roche volcanique contiennent au moins une cinquantaine d'oligoéléments, trouvés dans le magma qui s'écoule à la surface de la terre au cours des éruptions. Vous pouvez aussi ajouter 1 poignée de farine (ou de son de riz) au mélange biochar-poudre de roche volcanique pour fournir de la nourriture aux micro-organismes et 2 poignées de turricules pour créer un mélange riche en micro-organismes du sol. Mélangez le tout, humidifiez, couvrez et laissez fermenter au moins 2 semaines.

Chapitre IV

Le biochar au jardin

Maintenant que votre biochar est colonisé par des micro-organismes enrichisseurs du sol, vous pouvez l'incorporer tel quel à la terre de votre jardin en carrés, ou le mélanger à davantage de compost pour fertiliser vos parterres. Le biochar ne brûlera pas les plantes comme le feraient des matières fortement azotées, car, grâce à la fermentation, l'azote a été absorbé par le corps des micro-organismes. Ces petites bestioles ne vivent pas longtemps et, lorsqu'elles meurent, le contenu fertilisant de leurs cellules se répand dans la solution du sol, où les plantes se nourrissent directement – et indirectement en extrayant les minéraux des particules de roche.

Vous pouvez utiliser le biochar aussi bien généreusement qu'avec parcimonie, tout dépend de ce que vous cultivez et du genre de récolte que vous visez. Dans le jardin potager, les plantes frugales – c'est-à-dire les plantes qui ne demandent pas beaucoup d'azote, comme la carotte, l'ail, le poireau, l'oignon, le panais, la pomme de terre, le rutabaga, l'échalote et le navet – n'ont pas besoin de plus de 2,5 cm de biochar inoculé, que l'on enfouira dans les premiers 10 à 30 cm du sol ; alors que les cultures gourmandes, comme la tomate, la betterave, les différents choux, les légumes verts à feuilles, le concombre, le melon, la courge et le poivron apprécieront une couche de 10 cm enfouie dans le sol.

Avec le biochar, vous aurez moins besoin d'engrais azotés au jardin.

Connaître le pH de son sol

Lorsque vous jardinez, il est important de connaître le pH de votre sol, en particulier de déterminer s'il est acide ou alcalin. Certaines plantes sont plus adaptées pour absorber les nutriments dans un sol acide, tandis que d'autres ont besoin d'un sol alcalin pour prospérer. L'échelle du pH (ou potentiel hydrogène) s'étend de 0 à 14, la neutralité se situant à 7. Pour une majorité de plantes, les nutriments sont le plus biodisponibles dans un sol dont le pH se situe autour de 6,5 – autrement dit, légèrement acide. Lorsqu'un milieu devient plus acide (pH inférieur à 7) ou plus alcalin (pH supérieur à 7), certains nutriments végétaux se font de moins en moins biodisponibles, et le sol devient le facteur limitant, avec un nutriment ou l'autre qui vient à manquer.

Apporter du biochar au sol va faire monter légèrement son pH, c'est pourquoi le jardinier doit être vigilant sur les quantités qu'il emploie. Le mieux peut être l'ennemi du bien, en particulier dans les sols riches en humus et en matière organique dont le pH se situe déjà autour de 6,5. Trop de biochar pourrait faire monter leur pH jusqu'à les rendre alcalins, ce qui serait susceptible de peser sur la croissance de plantes acidophiles, comme les myrtilliers et les fraisiers. Quelle est la limite ? Pour ne pas prendre de risques, employez une dose de 500 g à 1,8 kg de biochar épandue sur 1 m^2 – ce qui revient à une couche de 2,5 à 10 cm de biochar inoculé répandue sur la surface – selon que vos cultures sont peu ou très gourmandes.

Un test de sol simple

Il existe une manière de tester le pH de votre sol tout en ayant une idée de la quantité de matière organique qu'il contient. Agitez le contenu d'une tasse de terre (250 ml) dans un récipient de 1 litre d'eau, puis examinez la manière dont les éléments du sol vont se redéposer. Sur le fond, tomberont d'abord les pierres et le sable ; au-dessus, viendront les limons, et au-dessus de ces derniers l'argile. Pour finir, la matière organique formera une bande sombre (si bien sûr votre sol en contient).

Utilisez des bandes de papier pH pour tester le pH de la solution. Un sol de pH 6 à 6,5, avec une couche de matière organique équivalente à environ 5 % du poids des matières solides, est idéal pour la plupart des jardins.

Comment ajuster le pH

La plupart des terres de jardin ont un pH situé entre 5,5 et 8. Un pH en dessous de 6 rend un sol trop acide pour la majorité des légumes ; si c'est le cas chez vous, vous aurez besoin d'ajouter de la chaux agricole. Si le pH est au-dessus de 7,5, le sol est trop alcalin, là aussi excessivement pour la plupart des cultures potagères, et il vous faudra apporter des matières en décomposition telles que des aiguilles de pin, ou du soufre. Le soufre, en tant qu'élément naturel, est autorisé en agriculture biologique.

Les laboratoires d'analyse des sols et les jardineries peuvent fournir des tableaux montrant quelles sont les quantités de chaux ou de soufre nécessaires pour ajuster le pH d'un sol donné. Cette information se présente généralement sous la forme d'une quantité en kilogrammes d'amendement à apporter pour 100 m^2, si bien que vous aurez besoin de mesurer au préalable la taille de votre potager. Vous n'aurez ensuite plus qu'à faire le calcul. La plupart des doses d'application sont destinées à faire monter ou baisser le pH de 1 point par an (par exemple, de 7,5 à 6,5).

La meilleure façon d'appliquer de manière régulière le soufre et la chaux sur votre sol est d'employer un épandeur d'engrais pour gazon. Vous le poussez et, au fur et à mesure que les roues tournent, celles-ci font tomber l'amendement dans un tube rotatif perforé. Les épandeurs manuels, quant à eux, fonctionnent bien, mais vous pouvez aussi épandre ces matières directement à la main. Portez des gants et essayez de réaliser un épandage aussi uniforme que possible, avec un mouvement de balayage du bras, et en laissant les amendements s'écouler régulièrement de votre main. Peu importe la manière de procéder, le tout est de bien les incorporer dans le sol et de bien arroser ensuite. Votre sol pourra utiliser plus efficacement la chaux et le soufre s'il est labouré ou retourné sur une profondeur de 10 à 15 cm.

Si votre objectif est de relever le pH, préférez la chaux dolomitique à la chaux calcitique. Elle contient aussi bien du magnésium que du calcium. Or, le magnésium est important pour la croissance des plantes.

Si votre objectif est au contraire d'abaisser le pH, employez du soufre. On le trouve habituellement sous forme de poudre ou mélangé à d'autres nutriments, comme c'est le cas dans le sulfate d'ammonium et le sulfate de magnésium. On peut aussi le rencontrer sous le nom de fleur de soufre ou de soufre mouillable.

Quantité de chaux nécessaire pour élever le pH jusqu'à la valeur idéale (6,5) pour 100 m²

pH	Quantité (en kg)		
	Sol sableux	Sol limoneux	Sol argileux
De 4 à 6,5	27	73	104
De 4,5 à 6,5	22	59	86
De 5 à 6,5	18	45	68
De 5,5 à 6,5	13,5	36	45
De 6 à 6,5	7	18	27

Quantité de soufre nécessaire pour diminuer le pH jusqu'à la valeur idéale (6,5) pour 100 m²

pH	Quantité (en kg)		
	Sol sableux	Sol limoneux	Sol argileux
De 8,5 à 6,5	20,5	27	32
De 8 à 6,5	13,5	16	20,5
De 7,5 à 6,5	4,5	9	11
De 7 à 6,5	1	2	3

Source : National Gardening Association.

Améliorer le drainage

Le biochar aide à décompacter les sols tassés et améliore leur aération.

Il vaut mieux améliorer votre sol lui-même au moyen du biochar plutôt que d'ériger des carrés de culture simplement posés à la surface d'un sol pauvre. En effet, sur un sol compacté, l'eau aura tendance à pénétrer à la surface des parterres et à ruisseler à la base, sans pouvoir s'infiltrer dans le sol en dessous, ce qui peut saper la base des bordures. Certes, le bon sol des parterres peut à la longue avoir une influence sur le sol compacté du dessous, en l'ameublissant et en améliorant son drainage, mais il faudra compter plusieurs années avant d'atteindre ce résultat.

Un bon sol de jardin se doit de bien drainer l'eau de telle sorte que les racines des plantes ne se retrouvent pas noyées. Vous pouvez évaluer votre sol sur ce plan en réalisant un test de percolation (voir p. 47). En fonction de la terre, la meilleure manière d'améliorer le drainage sera d'employer une fourche-bêche ou un motoculteur pour casser la couche dure du sol existant, et d'incorporer 20 à 25 cm de compost dans la couche ameublie.

Si vous utilisez un tracteur, attachez-y un scarificateur et brisez la couche compactée aussi profondément que possible. Le tracteur fera entrer les dents du scarificateur dans le sol, formant des mottes et permettant à l'air de pénétrer et aux pluies de s'infiltrer. Vous pourrez réduire ensuite la taille des mottes en passant les disques ou en ratissant à la main.

Utiliser le biochar inoculé pour une fertilisation ciblée des plantes

Le biochar aide à décompacter les sols tassés et améliore leur aération.

Pour un amendement sec : ajoutez 1 tasse (250 ml) de biochar inoculé pour 30 litres de substrat de rempotage ou de sol d'un potager en carrés. Au repiquage des plants dans le jardin, versez 1 cuillère à soupe (15 ml) de biochar dans le trou de plantation, plantez, rebouchez, puis répandez une nouvelle cuillère à soupe de biochar à la surface. Autre formule, vous pouvez planter comme d'habitude puis répandre les 2 cuillères à soupe de biochar à la surface, autour de la plante. Arrosez délicatement pour ne pas lessiver le biochar.

Pour un amendement liquide : versez 1 tasse (250 ml) de biochar inoculé dans 20 litres d'eau et remuez 1 ou 2 fois par jour pendant 1 semaine. Nappez directement le sol autour des plantes avec 1 ou 2 tasses de cette solution, et renouvelez toutes les 2 semaines. Si vous devez arroser à ce moment-là vos plantes à l'eau pure, faites d'abord votre arrosage, puis appliquez le biochar liquide une fois que le sol s'est ressuyé. De cette manière, le biochar liquide pénétrera mieux dans le sol que si celui-ci était sec, et vous ne le lessiverez pas aussitôt avec un arrosage en profondeur au tuyau ou à l'arroseur.

Appliquer le biochar sur un jardin en carrés

Lorsque vous amendez en biochar le parterre surélevé d'un potager en carrés, il est judicieux d'apporter de la matière organique en même temps, de retourner le sol et d'arroser en profondeur. Retourner la terre sur une profondeur de 30 cm l'ameublit et permet à l'air de pénétrer jusque dans la zone des racines. Un apport de compost est bénéfique dans n'importe quel jardin, mais est particulièrement recommandé si vous votre sol est très sableux ou fortement argileux. Si le sol est lourd et argileux, vous pouvez également ajouter du sable grossier au compost pour aider à l'alléger.

Couvrez chaque carré avec une quantité généreuse de compost et 2 à 10 cm de biochar inoculé. À l'aide d'une pelle ou d'une fourche-bêche, incorporez le compost et le biochar dans les 30 premiers centimètres de sol. Vous aurez besoin de 4 litres de biochar inoculé pour couvrir un parterre surélevé de 1,20 × 1,80 m sur une profondeur de 10 cm.

Une fois que vous avez apporté le mélange de biochar, incorporez-le dans le sol, arrosez bien les carrés et repiquez vos plants ou semez. Pour donner une longueur d'avance aux micro-organismes du biochar, laissez-les bâtir leur écosystème complexe avec la vie indigène du sol en apportant le mélange de biochar à l'automne pour ne planter qu'au printemps.

Autre solution, si les carrés sont déjà plantés, vous pouvez épandre, sous la plante ou autour, des tasses (250 ml chacune) de biochar (sous la forme d'un mélange à proportions égales de biochar et de compost). Couvrez la zone racinaire avec le mélange et incorporez-le en grattant seulement les 5 premiers centimètres du sol, de manière à ne pas déranger les racines qui se trouvent près de la surface.

Apporter du biochar dans le temps

Si vous êtes seulement en mesure de produire du biochar en petites quantités chaque saison, envisagez la possibilité de l'apporter en bandes sur une durée de 5 ans. En croisant ces bandes d'une année sur l'autre, vous aurez l'assurance de couvrir au final toute la surface du parterre.

Première année

Faites des rangées de plantation sur la longueur du parterre, avec un mélange à proportions égales de biochar et de compost en bandes de 10 cm de large, juste à l'emplacement des plants ou des graines à venir.

Deuxième année

Faites vos rangées dans le sens de la largeur, toujours avec le mélange de biochar-compost en bandes de 10 cm de large, et là où les plants iront.

Troisième année

Faites des bandes obliques sur tout le parterre.

Quatrième année

Croisez dans l'autre sens avec d'autres bandes obliques.

Cinquième année et au-delà

Reprenez la succession de bandes en revenant à des bandes dans la longueur.

Qu'attendre comme rendements ?

Certaines cultures répondront au biochar plus spectaculairement que d'autres. Il se trouve que l'Institut Ithaka – une fondation pour la recherche à but non lucratif et dont le siège est en Suisse – a mené sur le sujet des études remarquablement approfondies pendant une période de 2 ans. Plus de 200 jardiniers amateurs ont participé aux essais conduits par l'institut. Chaque jardin test présentait 2 parcelles de 10 m^2, l'une fertilisée avec du compost et l'autre avec le même compost, mais auquel avait été ajouté du biochar. Les mêmes légumes étaient plantés sur chaque duo de parcelles. Cependant, les légumes choisis pouvaient varier d'un jardinier à l'autre, selon leurs expériences.

À la fin de la seconde année, les évaluations des parcelles ont montré des résultats très variés, même après que les résultats les plus extrêmes ont été mis de côté. Par exemple, certains jardiniers ont fait état de récoltes doublées sur les parcelles amendées en biochar par rapport à celles avec seulement du compost. D'autres jardiniers ont témoigné à l'opposé d'un impact négatif du biochar sur les récoltes. La moyenne de tous les tests a cependant montré une augmentation de 7,5 % des rendements.

« Le résultat le plus intéressant du test dans sa globalité, souligne l'Institut Ithaka, est à trouver dans les résultats par famille de plantes. Tandis que les Brassicacées (les membres de la famille des choux), les Cucurbitacées (les membres de la famille du melon, de la courge, du concombre) et les Apiacées (les membres de l'ancienne famille des ombellifères tels que la carotte, l'aneth et le fenouil) ont particulièrement bien réagi, à la différence des Solanacées (les membres de la famille de la morelle, comme la tomate, l'aubergine et la pomme de terre). Néanmoins, aucune tendance n'a pu se dessiner dans un sens comme dans l'autre pour les légumineuses (pois, haricots) ou les Astéracées (laitues). »

Les plantes appartenant aux familles des choux, des melons, du fenouil et des tomates se comportent remarquablement bien dans des sols enrichis en biochar.

Semer une culture couvre-sol

L'une des meilleures choses que vous puissiez faire pour le sol de votre jardin est d'y semer une culture couvre-sol, de préférence une légumineuse à racines profondes, à l'automne ou en hiver, ou encore au début du printemps, pour en faire un amendement plus tard dans la saison de culture. Les légumineuses comme les pois et les haricots font partie de la famille des Fabacées, dont les racines peuvent être colonisées par des bactéries fixatrices d'azote. Parmi les légumineuses couvre-sol à conseiller, on trouve la luzerne, le trèfle rose, le trèfle blanc et la vesce velue – qu'elles soient plantées seules ou, mieux encore, toutes ensemble. Ces plantes, que l'on appelle « engrais verts », servent à améliorer le sol. Avant de les semer, apportez du biochar inoculé au sol du jardin, pour créer une association qui va contribuer à stimuler la vie du sol et représenter un engrais naturel meilleur que tout ce qui peut sortir d'une usine.

Les cultures couvre-sol peuvent être semées au printemps et retournées à la fin de l'été pour fertiliser un sol en jachère cette année-là, ou elles peuvent être semées en automne, afin de pousser en hiver et au printemps, avant d'être retournées pour laisser place aux cultures principales. Elles fixent les sols avec leurs racines au cours des violentes pluies d'hiver qui, sans cela, emporteraient la couche de surface. En leur qualité de légumineuses, elles travaillent en plus en association avec des bactéries fixatrices d'azote, qu'elles vont incorporer dans le sol après sa captation dans l'air. Elles apportent aussi au sol du carbone organique qu'elles trouvent dans le CO_2 et sont capables de rendre le phosphore plus disponible pour les cultures suivantes. Enfin, elles attirent des insectes auxiliaires si on les laisse fleurir avant de les retourner. Selon les régions, d'autres cultures couvre-sol peuvent convenir ; par exemple, à l'automne, les viticulteurs plantent souvent des fèves entre les rangs de vigne, qui grandissent à la faveur de l'humidité de l'hiver, avant d'être retournées au printemps, fertilisant le sol et apportant de la matière organique.

Les cultures couvre-sol comme le trèfle blanc travaillent en collaboration avec le biochar pour stimuler la vie du sol.

Épilogue Les promesses du biochar

Au-delà de sa capacité à stimuler la productivité du jardin, le biochar offre un moyen de participer à la modération du changement climatique en séquestrant le carbone dans le sol au lieu de le libérer dans l'atmosphère. Les scientifiques estiment que si nous pouvions augmenter la quantité de carbone stockée dans les sols du monde de seulement 4 ‰ chaque année, nous pourrions séquestrer 100 % du carbone que nous envoyons tous les ans dans l'atmosphère.

Jusqu'à récemment, le sol n'était pas au cœur des attentions dans l'idée de capturer le carbone. La découverte de la *terra preta* et l'usage du biochar pourraient changer cela. Si nous pouvons faire du sol un puits de carbone, nous découvrirons toute une série d'avantages associés à cette capture du carbone : une fertilité des sols améliorée, une érosion des sols plus contrôlée, une biodiversité du sol plus riche synonyme d'écosystèmes plus fonctionnels, et bien d'autres effets physiques d'importance.

De réels progrès ont été réalisés en ce sens par de petits exploitants agricoles, des populations indigènes et des individus et des familles sur leurs terres. Pour les personnes qui cultivent leurs propres sols, le changement climatique présente des effets directs : réchauffement global, pullulation des insectes, montée des mers et tempêtes devenant toujours plus violentes. Comme nous l'avons vu au début de ce livre, ce sont les tribus indigènes du bassin de l'Amazone qui, d'une manière que nous ne comprenons pas encore totalement, ont créé la *terra preta* et transformé des sols pauvres de la jungle en sources de nourriture, riches et productives. Les personnes qui vivent avec la nature et apprennent d'elle savent souvent comment la suivre et ce qui est bon pour elle – ce dont tout le monde bénéficie, au bout du compte.

Ce qui nous amène à vous – le jardinier. Ce que vous accomplissez est de la plus grande importance, car, collectivement, vous, nous, tous ceux qui travaillent avec le biochar contribuent à faire réellement la différence.

Si vous et moi faisons ce que nous pouvons, sur notre propre lopin de terre et à notre manière, nous pouvons rendre notre existence plus respectueuse de la planète. Lorsque vous utilisez du biochar dans le jardin, vous ensemencez le sol et le rendez plus fertile pour aujourd'hui et pour demain, en léguant un sol sain et productif aux générations à venir.

Glossaire

Absorber : Prendre quelque chose dans ses pores ou ses interstices.
Adsorber : Retenir (un gaz, un liquide ou une substance dissoute) sur une surface, sous la forme d'une couche condensée.
Anion : Ion chargé négativement. Désigne en particulier l'ion qui migre vers l'anode au cours d'une électrolyse.
Biomasse : Matière végétale ou animale, telle que les sous-produits de la sylviculture ou les déchets agricoles, utilisée comme carburant ou source d'énergie.
Cation : Ion ou groupe d'ions chargés négativement et se déplaçant caractéristiquement vers la cathode lors de l'électrolyse.
Compost : Mélange de matière organique (issue par exemple de feuilles et de fumier) décomposée ou digérée par certains organismes, employé pour améliorer la structure du sol et apporter des nutriments.
Humus : Substance organique brune ou noire constituée de matière végétale ou animale partiellement ou complètement décomposée, qui fournit des nutriments aux plantes et améliore la capacité des sols à retenir l'eau.
Hydrophile : Présentant une affinité avec l'eau ; absorbant facilement l'eau ou s'y dissolvant rapidement.
Hydrophobe : Repoussant l'eau ou tendant à ne pas se mélanger avec elle, ou incapable de s'y dissoudre.
Latérite : Ensemble des dépôts insolubles et résiduels, issus des oxydes de fer et d'aluminium formés par la dégradation des roches dans les régions tropicales.
Matière première : Matière brute ou source d'énergie requise dans un processus industriel.
Phloème : Tissu des plantes vasculaires conduisant la nourriture produite par la photosynthèse dans toutes les parties de la plante et composé de tubes criblés, de fibres et du parenchyme.
Pyrolyse : Décomposition ou transformation d'un composé par la chaleur.
Tubule : Toute petite structure en forme de tube, trouvée notamment chez la plante ou l'animal.
Xylème : Tissu des plantes vasculaires acheminant eau et sels minéraux, assurant le maintien et composé d'éléments trachéaires et des cellules du parenchyme. Les tissus ligneux sont constitués par le xylème secondaire produit par le cambium vasculaire.

Bibliographie en langue anglaise

Sur la nature du biochar

CAMPBELL J. E., BERRY J. A., SEIBT U. *et al.*, « Large historical growth in global terrestrial gross primary production », *Nature*, 544 (avril), 2017, p. 84-87, doi:10.1038/nature22030.

CASSELMAN A., « Special report: inspired by ancient Amazonians, a plan to convert trash into environmental treasure », *Scientific American*, 15 mai 2007, www.scientificamerican.com/article/pyrolyisis-terra-preta-could-eliminate-garbage-generate-oil-carbon-sequestration.

CROWTHER T. W. *et al.*, « Mapping tree density at a global scale », *Nature*, 525 (septembre), 2015, p. 201-205, doi:10.1038/nature14967.

DENEVAN W. M., WOODS W. I., « Discovery and awareness of anthropogenic Amazonian dark earths (*Terra Preta*) », posté le 20 janvier 2007 sur http://terrapreta.bioenergylists.org.

GLASER B., HAUMAIER L., GUGGENBERGER G., ZECH W., « The '*Terra Preta*' phenomenon: a model for sustainable agriculture in the humid tropics », *Naturwissenschaften*, 88, 2001, p. 37-41.

HAYWOOD D., « Could the mysterious agricultural techniques of an ancient Amazonian civilization make New Zealand farming more competitive? », *Public Address Science*, émission radiophonique, Auckland, NZ, RadioLIVE, 5 mai 2007.

MANN C., *1491: New Revelations of the Americas before Columbus*, Alfred A. Knopf, New York, États-Unis, 2005.

SINGTON D. (producteur/réalisateur), *The Secret of El Dorado*, documentaire télévisé, Horizon, BBC Two, 2002.

Sur le mode d'action du biochar

GAO S. *et al.*, « Locally produced wood biochar increases nutrient retention and availability in agricultural soils of the San Juan Islands, USA », *Agriculture, Ecosystems & Environment*, 233 (octobre), 2016, p. 43-54, doi:10.1016/j.agee.2016.08.028.

Pietikäinen J., Kiikkilä O., Fritze H., « Charcoal as a habitat for microbes and its effect on the microbial community of the underlying humus », *Oikos*, 89 (2), 231-242, 2003, doi.org/10.1034/j.1600-0706.2000.890203.x.
Schwartz J. D., « Soil as carbon storehouse: new weapon in climate fight? », *Yale Environment*, 360, 4 mars 2014, https://e360.yale.edu/features/soil_as_carbon_storehouse_new_weapon_in_climate_fight.
Sun T. *et al.*, « Rapid electron transfer by the carbon matrix in natural pyrogenic carbon », *Nature Communications*, 8 (mars), 2017, article n° 14873, doi:10.1038/ncomms14873.

Sur les bénéfices environnementaux du biochar

Ernsting A., Smolker R., « Biochar for climate change mitigation: fact or fiction? », *Biofuelwatch*, 2009, publié par www.biofuelwatch.org.uk.
Franciscus V. *et al.*, « Biochar application to soils: a critical scientific review of effects on soil properties, processes and functions », *Joint Research Centre Scientific and Technical Reports*, publié par la Commission européenne, 2010, http://publications.jrc.ec.europa.eu/repository/handle/JRC55799.
Horstman M., « Agrichar: a solution to global warming? » *Catalyst*, ABC TV Science, Australian Broadcasting Corporation, 23 septembre 2007.
Mao J.-D. *et al.*, « Abundant and stable char residues in soils: implications for soil fertility and carbon sequestration », *Environmental Science and Technology*, 46 (17), 9571-9576, 2012.
Mulder I. *et al.*, « Biochar and biochar-compost as soil amendments: effects on peanut yield, soil properties and greenhouse gas emissions in tropical North Queensland, Australia », *Soil and Tillage Research*, 156 (janvier), 2016, p. 35-44.
Salleh A., « Charred farm waste could gobble up carbon », *News in Science*, ABC Science Online, Australian Broadcasting Corporation, 8 juin 2007, www.abc.net.au/science/articles/2007/06/08/1946410.htm.
Schiermeier Q., « Putting the carbon back: the hundred billion tonne challenge », *Nature*, 442 (août), 620-623, 2006, doi:10.1038/442620a.
Schmidt H.-P., « Biochar: a key technology for the planet », *The Biochar Journal*, Institut Ithaka, août 2014, Arbaz, Suisse, www.biochar-journal.org/en/ct/13.
Wang Y., Wang L., Wang Y.-J. *et al.*, « Measuring the bioavailability of polychlorinated biphenyls to earthworms in soil enriched with biochar or activated carbon using triolein-embedded cellulose acetate membrane », *Journal of Soils and Sediments*, 16 (2), 2016, 527-536.
Wilson K., « Low-tech flame carbonizers for biochar production: theory and applications », Wilson Biochar Associates (webinaire), 25 juillet 2017.

Woolf D. *et al.*, « Sustainable biochar to mitigate global climate change », *Nature Communications*, 1 (août), 2010, article n° 56, www.nature.com/articles/ncomms1053.
Zimmer C., « Antarctic ice reveals Earth's accelerating plant growth », *The New York Times*, 5 avril 2017.
« Terra Preta: Amazonian Earth. Entretien avec le docteur Bruno Glaser », *META Magazine*, 2016, publié par www.meta-magazine.com.

Ressources

Organisations et informations en anglais

- ATTRA Sustainable Agriculture Program
  https://attra.ncat.org
- International Biochar initiative
  https://biochar-international.org
- Ithaka Institute
  www.ithaka-institut.org
- SeaChar
  www.seachar.org

Quelques producteurs en France…

- Adorla – à Saint-Paul-de-Varax (01)
  www.adorla.com
- ÉlémenTerre – à Inzinzac-Lochrist (56)
  https://elementerre-bretagne.fr
- ETIA S.A.S. – à Compiègne (60)
  https://etia-group.com
- InsectÖphere – à Saint-Jean-le-Vieux (01)
  www.insectosphere.fr
- Terra fertilis – à Caen (14)
  www.terrafertilis.com
- Terralba – à Montjoire (31)
  http://terralba.fr
- VT Green – à Saint-Bonnet-de-Rochefort (03)
  www.vtgreen.fr

… et ailleurs

- GreenPoch – à Wagnelée et Mellet (Belgique)
  www.greenpoch.com
- Swiss Biochar Sàrl – à Belmont-sur-Lausanne (Suisse)
  www.swiss-biochar.com

Index

A

achat de biochar p. 68
agrégation p. 30, 77
amendement p. 23, 75, 88, 91, 96
ammoniac p. 36
ammonium p. 32, 33, 36
anions p. 30, 100
arrosage du biochar p. 51
azote p. 32, 36, 37, 45, 75, 77, 80

B

bénéfices du biochar
- absorption des nutriments p. 29
- augmentation de la capacité d'échange cationique p. 30
- effet tampon sur éléments toxiques p. 33
- réduction des gaz à effet de serre p. 32
- réservoir d'eau et de nutriments p. 27

biodiversité p. 22, 98
biomasse p. 23, 33, 41, 43, 100
boîte métallique p. 65
brûlis, agriculture sur p. 13, 14, 17

C

calcium p. 66, 69, 78, 83, 88
cancérigènes, composés p. 44
capacité d'échange cationique (CEC) p. 30, 31, 41, 75
capillarité p. 27
carbone
- séquestration du p. 11, 17, 32, 34, 70, 98
- biochar comme source de p. 24

cations p. 30, 100
cendres p. 13, 40, 51, 53, 63
chambre de combustion p. 57
changement climatique p. 11, 32, 34, 98
charbon actif p. 27
charbon, types de p. 27
chaux p. 25, 88, 89
cheminée p. 58
cocompostage p. 75
composition minérale p. 69, 83
compost p. 81
compost, thé de p. 25, 81, 100
conserve p. 65
cultures
- ail p. 86
- aneth p. 95
- aubergine p. 95
- betterave p. 86
- carotte p. 86, 95
- chou p. 86, 95
- concombre p. 68, 86, 95
- courge p. 86, 95
- échalote p. 86
- fenouil p. 95
- fleurs p. 69
- haricot p. 36, 95, 96
- laitue p. 95
- melon p. 86, 95
- navet p. 86
- oignon p. 86
- panais p. 86
- poireau p. 86
- pois p. 95
- poivron p. 68, 86
- pomme de terre p. 86, 95
- rutabaga p. 86
- tomate p. 19, 68, 86, 95

D

décomposition p. 15, 16, 32, 34, 74, 88
définition du biochar p. 28
drainage p. 47, 90

E

eau p. 27, 76
écrasage du biochar p. 67

électrons, transfert de p. 36
éléments toxiques, effet tampon p. 33
engrais p. 33, 36, 37
ensachage du biochar p. 67

F

farine p. 77, 83
fer p. 29, 32
fermentation p. 81, 86
fertilisant p. 11, 25, 26, 32, 80, 86, 96
feu en tas p. 48
fumée 24, 40, 43, 47, 48, 50, 51, 55, 61, 63
fumier p. 31, 43, 45, 64, 68, 75, 76, 78, 80

G

gaz p. 23, 25, 26, 27, 32, 40, 47, 51, 57, 66

H

Haber-Bosch, procédé p. 36
humidité, taux d' p. 43, 68
humus p. 46, 74, 87, 100
hydrophile, charbon p. 25, 27, 76, 100
hydrophobe, charbon p. 25, 76, 100

I

inoculation du biochar
  compléments minéraux p. 83
  eau et p. 76
  fertilisation ciblée p. 91
  méthodes p. 75
  poules p. 80
  raisons p. 74
  vers p. 77

L

litière de volaille p. 31
lombricomposteur p. 78, 81

M

magnésium p. 29, 32, 69, 83, 88
maladies des plantes p. 25
manganèse p. 29, 33, 83
matières premières
  bois dur p. 41, 44, 46, 68
  bois léger p. 44
  bois tendre p. 41, 46, 68
  bois vert p. 43, 55
  chêne p. 44, 46
  copeaux de bois p. 28, 43, 44, 45, 57, 61, 66, 69
  coques d'arachide p. 41
  érable p. 46, 69
  eucalyptus p. 44, 45
  fumier p. 31, 43, 45, 68, 76, 80
  litière de volaille p. 44, 45
  matériaux herbacés p. 41, 46
  os d'animaux p. 66
  paille p. 41, 43, 68
  panic érigé p. 45
  peuplier p. 44
  pin p. 44
  tiges de maïs p. 32, 41, 46
matières premières, analyse du biochar selon les p. 44
métaux lourds p. 33
méthane p. 33, 40
micro-organismes
  dégradation par p. 24
  inoculation avec p. 25
  support pour p. 26
  transfert des électrons p. 35
molybdène p. 36

N

nitrates p. 32, 36
nitrites p. 36
nourriture des animaux p. 80
nutriments p. 23, 27, 29, 71, 81, 87

O

outils p. 40, 55
oxydes d'azote p. 33

P

percolation, test de p. 47, 90
pH
  ajustement p. 87
  biochar frais p. 25

détermination p. 87
inoculation et p. 75
sélection de la matière première p. 46
test du p. 87
variations p. 31
phosphate p. 30, 69, 83
phosphore p. 30, 32, 44, 45, 66, 69, 83, 96
photosynthèse p. 23, 34
potasse p. 44, 45, 69, 83
potassium p. 29
poudre de roche volcanique micronisée p. 83
poules p. 80
pyrolyse
briquettes de charbon p. 28
biochar p. 28
charbon actif p. 27
dans un TLUD p. 53
dans un trou à feu p. 47
définition p. 100
émissions de méthane p. 33
vue d'ensemble p. 23

Q

qualités de biochar p. 68

R

ratissage du biochar p. 67
réchauffement climatique p. 32, 34, 98
relations symbiotiques p. 75
rendements de culture p. 95
réservoir à matière première p. 56, 58, 61, 63
réservoir de trempe p. 54, 60, 63
résidus agricoles p. 34
rhizobiums p. 36, 37

S

séchage du biochar p. 52
sécurité p. 40, 57, 80, 83
sélection du biochar p. 68
soufre p. 69, 88, 89
structure du biochar p. 23

T

terra preta p. 16, 17, 24, 46, 70, 98
TLUD (*Top Lit Up-Draft*)
emploi à grande échelle p. 66
fabrication p. 55
présentation d'ensemble p. 54
utilisation p. 53
trou à feu p. 47
tubules p. 27, 100
turricules p. 77, 78, 83

U

utilisations du biochar
avec culture couvre-sol p. 96
dans le jardin en carrés p. 86, 92
fertilisation ciblée p. 91
pH p. 87
pour améliorer le drainage p. 90
vue d'ensemble p. 85

V

vers du fumier p. 78
vinaigre de bois p. 25

Z

zinc p. 32, 33, 83

Notes

Déjà parus aux éditions de Terran

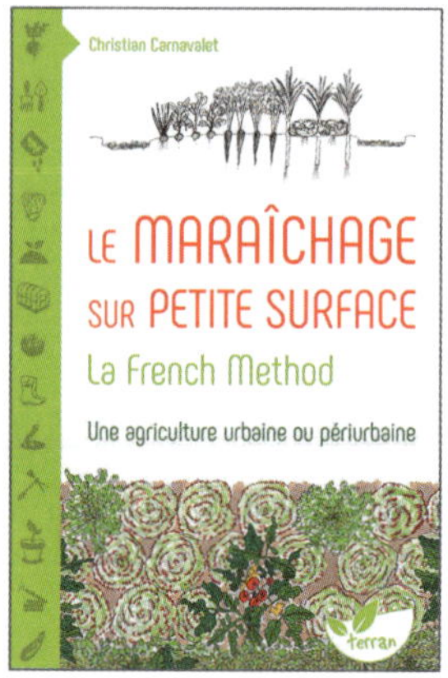

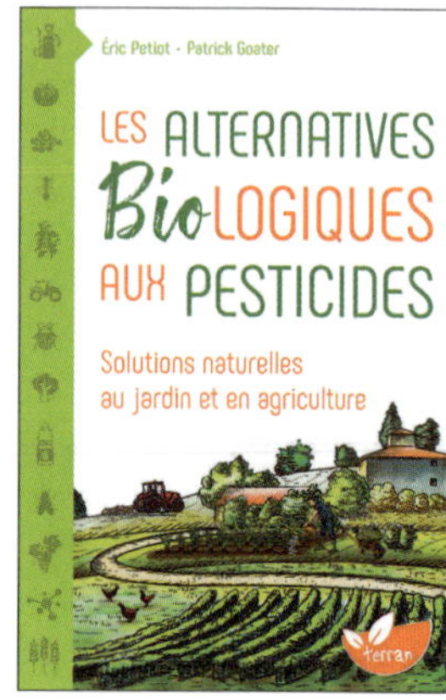

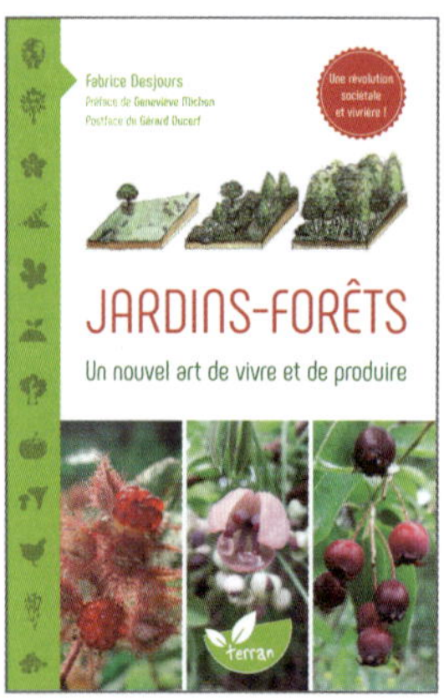

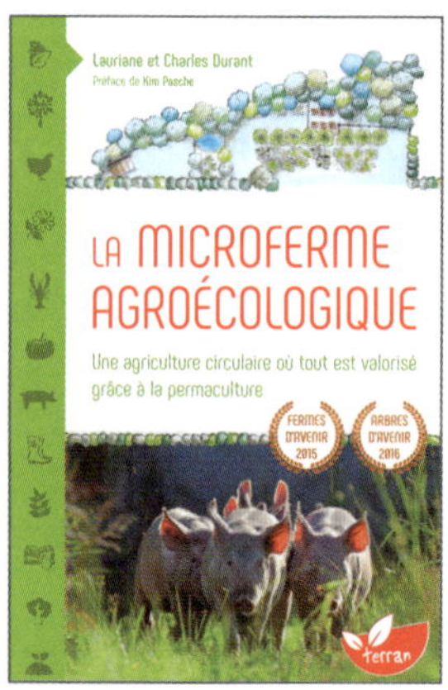

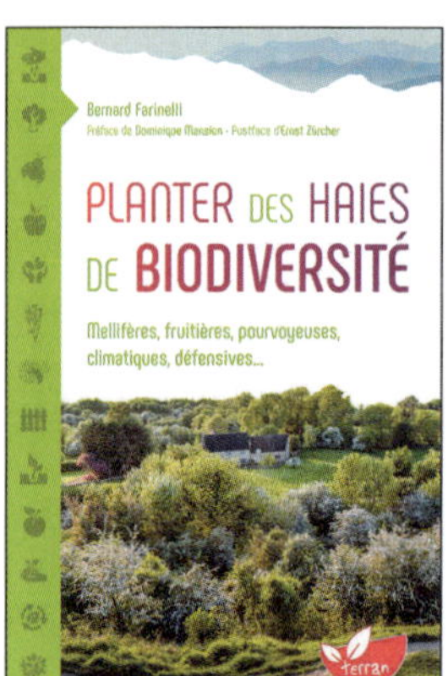

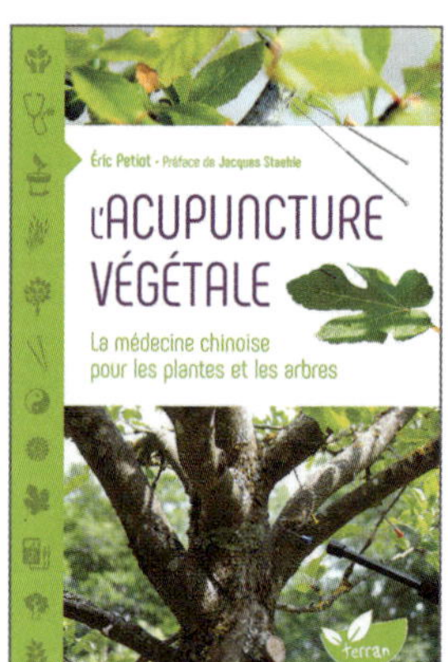

Jérôme Goust
ARBRES FOURRAGERS
De l'élevage paysan au respect de l'environnement
terran

Renaud de Looze
Nouvelle édition ENRICHIE
L'URINE DE L'OR LIQUIDE AU JARDIN
Guide pratique pour produire ses fruits et légumes en utilisant les urines et composts locaux
terran

Dominique Brochet
LE SAULE
LA PLANTE AUX MILLE POUVOIRS
terran

Éric Petiot
SOIGNER LES PLANTES PAR LES HUILES ESSENTIELLES ET LES HUILES VÉGÉTALES
terran

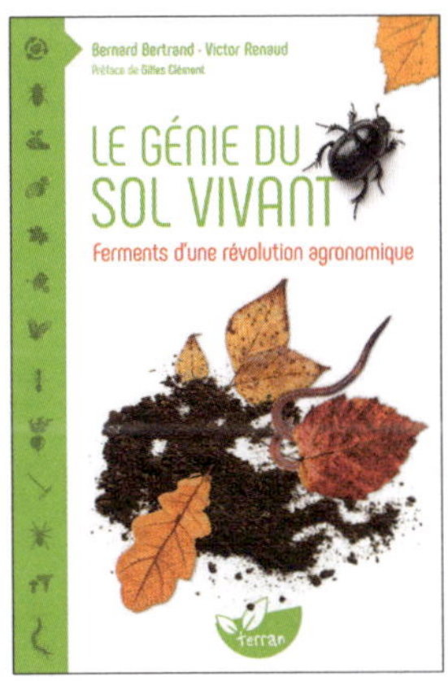
Bernard Bertrand · Victor Renaud
LE GÉNIE DU SOL VIVANT
Ferments d'une révolution agronomique
terran

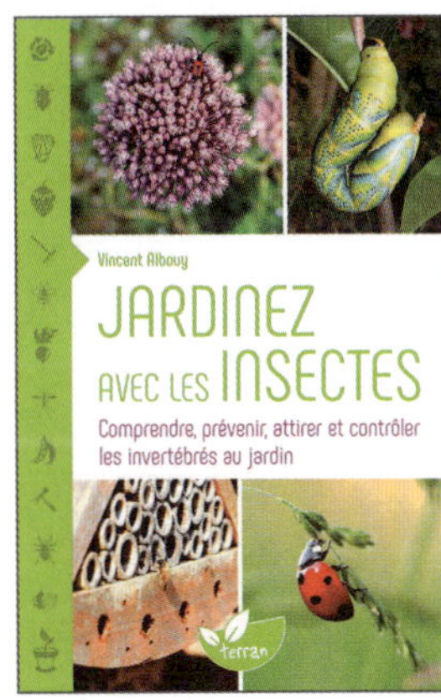
Vincent Albouy
JARDINEZ AVEC LES INSECTES
Comprendre, prévenir, attirer et contrôler les invertébrés au jardin
terran

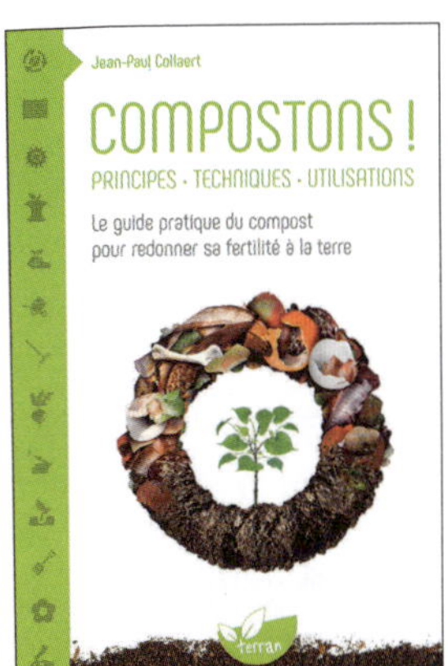
Jean-Paul Collaert
COMPOSTONS !
PRINCIPES · TECHNIQUES · UTILISATIONS
Le guide pratique du compost pour redonner sa fertilité à la terre
terran

Jérôme Goust
LE PLAISIR DE FAIRE SES GRAINES
Un guide pour retrouver son autonomie au jardin
terran

Bernard Bertrand · Jean-Paul Collaert · Éric Petiot
Préface de Michel Lis
PURIN D'ORTIE ET Cie
32 plantes pour le bonheur du jardin !
terran

Crédits iconographiques

- Photographies de Nat and Cody Gantz, sauf :
  – p. 12 : mantaphoto/iStock.com
  – p. 18 : Visum/Plus49/The Image Works
  – p. 19 : Jonathan Ramirez
  – p. 27h : Wayne Teel et Lance Kearns, JMU
  – p. 28h : Juanmonino/ iStock.com
  – p. 29 : sololos/iStock.com
  – p. 34 : oticki/iStock.com
  – p. 45 : Bob Pool/Shutterstock.com
  – p. 56hg : clu/iStock.com
  – p. 56hd : lostinbids/iStock.com
  – p. 56bg : chas53/iStock.com
  – p. 56bd : Stramyk/iStock.com
  – p. 67 : Mars Vilaubi
  – p. 71 : avec l'aimable autorisation de Norman Baker
  – p. 95g : dla4/iStock.com
  – p. 95m : tchara/iStock.com
  – p. 95d : Tim Gainey/Alamy
  – p. 97h : Elvan/Shutterstock.com
  – p. 97b : max8xam/iStock.com
  – p. 99 : Rick Harrison/Getty Images
- Illustrations de Steve Sanford.

Suivi éditorial : Coline Pons
Traduction : Mickaël Legrand – www.vivante-passerelle.net
Correction : Josselin Rieu
Maquette : Caroline Robin | LA PLUME GRAPHIK

Diffusion
France, Benelux : DG DIFFUSION – info@dgdiffusion.com
Suisse : TRANSAT SA / Distribution SERVIDIS SA
– transat@transatdiffusion.ch

Cet ouvrage a été achevé d'imprimer par la SEPEC en décembre 2020.
Imprimé en France. Numéro d'impression : 15535200904

Certifié PEFC
Ce produit est issu de forêts gérées durablement et de sources contrôlées.
PEFC 10-31-1470
pefc-france.org